328

7374

Colmont

7,374

COUR IMPÉRIALE DE PARIS.

MÉMOIRE

POUR

MADAME DE COLMONT

Intimée : L. CHAUVELOT.

CONTRE

M. AMAND VINCENT.

Appelant : GOMBERT.

PARIS. — IMPRIMERIE DE CHARLES MEYRUEIS ET COMPAGNIE,

RUE SAINT-BENOÎT, 7.

Cour impériale
DE PARIS.

2ᵉ CHAMBRE.

PRÉSIDENCE
de
M. DELAHAYE.

MÉMOIRE

POUR

MADAME DE COLMONT

Intimée : L. CHAUVELOT.

CONTRE

M. AMAND VINCENT.

Appelant : GOMBERT.

Les procès sont toujours un malheur pour ceux qui s'y trouvent engagés ; ils témoignent que de l'un des deux côtés au moins, l'on a manqué de justice, de bonne foi, ou de modération ; mais ce malheur est bien plus grand, quand ce sont des parents qui sont obligés d'en venir à la dure extrémité d'appeler les tribunaux à régler des intérêts qu'ils n'ont pas su régler eux-mêmes : alors les blessures que se font les plaideurs deviennent plus cruelles, parce qu'elles partent de mains qui devraient vous secourir et non vous attaquer ; les plaies qu'il faut découvrir au public sont de celles qu'il aurait fallu panser dans le giron de la famille ; et quoique les fautes soient personnelles et qu'elles rejaillissent d'autant moins sur vous qu'elles sont le fait de parents ou d'alliés plus éloignés, il n'est pas moins pénible de livrer à la censure les actes de ceux dont on aurait voulu laisser la conduite dans l'ombre et le silence.

Pour nous, il n'est pas de sacrifices que nous n'ayons faits et que nous n'eussions été prêts à faire pour éviter l'éclat ; en parcourant ce mémoire écrit pour nos juges et pour éclairer l'opinion de ceux qui nous connaissent, on jugera sans peine du soin que nous avons pris de ne divulguer que ce qu'il était impossible que nous ne dissions pas, à moins de nous exposer nous-mêmes à l'inconvénient de laisser le mensonge l'emporter sur la vérité.

Les deux parties qui sont ici en cause sont : d'une part, M. Amand Vincent, notaire à Romilly, subrogé tuteur de Mademoiselle Marie Vincent sa nièce, issue du premier mariage de Madame De Colmont ; et de l'autre part, Madame De Colmont, elle-même : l'objet du procès est la prétendue inexactitude de la liquidation des reprises matrimoniales de Madame De Colmont faites par M. Aucoc, notaire à Troyes, commis à cet effet par le Tribunal de cette ville et homologuée par jugement de ce Tribunal en date du 24 février 1853.

C'est ce jugement que M. Vincent attaque devant la Cour, et aussi un second jugement en date du 28 avril 1853, qui a ordonné la vente des créances dépendant de la communauté et succession Vincent.

Nous montrerons dans la seconde partie de ce Mémoire que ces appels sont sans aucun fondement réel, mais il importe de faire voir d'abord qu'ils n'ont d'autre but que d'entraver les poursuites que Madame de Colmont, comme tutrice de sa fille, doit exercer contre M. A. Vincent, pour le payement des sommes dont il est débiteur envers la succession de son frère.

Il se présente devant la Cour en qualité de subrogé tuteur, venant tendre une main protectrice à sa nièce, pour empêcher, dit-il, que sa mère ne la dépouille de sa fortune : ce serait un fort beau rôle, fort louable et très noble ; tandis que Madame de Colmont en jouerait un fort vilain ; mais c'est précisément le contraire de la vérité, ce sont les rôles intervertis. Il importe à Madame de Colmont et à sa fille même que la vérité soit

connue tout entière, sans autre réserve que celle qu'exigent la modération et le juste
ménagement des choses intimes de la famille. Ce Mémoire sera donc divisé en deux
parties : la première fera connaître l'ensemble des faits, et permettra qu'à chacun soit
faite la part qu'il mérite ; la seconde discutera les griefs que M. Vincent prétend faire
valoir contre la liquidation des reprises de Madame De Colmont et contre la vente des
créances de la succession de son frère.

PREMIÈRE PARTIE.

—

Sommaire de l'affaire.

M. Amand Vincent, notaire à Romilly, était frère de M. Louis Vincent, décédé notaire
à Troyes. Il résulte des comptes écrits de la main de ce dernier que son frère lui devait,
au jour de son décès, arrivé subitement en 1850, des sommes très considérables, plus
de 30,000 francs, sans les intérêts de ce capital. Ce qu'il y avait de juste, de raisonnable
à faire, ce que tout le monde eût fait à la place de M. Vincent, notaire à Romilly, c'était de
compter avec la veuve peu de temps après la mort de son frère, de régler la succession
du défunt dans l'intérêt de sa nièce, en un mot de liquider les affaires et la fortune de
son frère, et surtout de payer à ses créanciers ou à ses héritiers ce qu'il lui devait ; mais
ce n'est pas ce que M. Amand Vincent a cru devoir faire. Il a toute sa vie été le débiteur
de son frère ; jamais il n'a fait, comme nous le montrerons, que lui emprunter de l'argent, l'entraîner dans des embarras, et ajourner par tous les moyens possibles le règlement des comptes qu'il avait avec lui, moyen simple de ne pas payer. Au jour de la
mort de son frère, M. Amand Vincent a continué ce rôle, lui subrogé tuteur, frère du
défunt, notaire comme lui, il s'y est pris de telle sorte qu'il n'a pu être fait qu'un
inventaire imparfait ; il a laissé jeter dans les papiers de la succession, qui eussent
dû être parfaitement inventoriés et qui ne l'ont pas été, une confusion telle qu'il
a été impossible d'arriver à une exacte liquidation ; puis il a fait prendre à la veuve
de son frère, qui se trouvait livrée entre ses mains, les engagements les plus désastreux : certainement il était en train de lui ménager de telles difficultés qu'elle n'eût
jamais pu songer à lui demander aucun compte si, après dix-huit mois de veuvage, pres-
sée par les conseils de son père et par ceux des amis de son premier mari, elle n'eût cher-
ché, dans de secondes noces, un appui contre une ruine imminente. Alors les affaires
de feu M. Louis Vincent ont commencé à s'éclaircir ; la lumière s'y est faite, autant que
l'ont permis la confusion des papiers et l'absence de renseignements ; il a été reconnu
que M. Amand Vincent et son père devaient des sommes très considérables à la succession du défunt. Sa veuve, aujourd'hui remariée à M. de Colmont, a fait liquider ses reprises matrimoniales, selon les formes de droit, et comme la succession de son mari
et les biens de la communauté qui a existé entre elle et lui ne suffiront pas pour
payer les dettes, à moins que M. Amand Vincent ne s'acquitte de ce qu'il doit à la succession de son frère, M. de Colmont a manifesté l'intention de compter avec M. Amand
Vincent.

Encore une fois, et surtout pour un notaire, qu'y avait-il de plus simple au monde
que de présenter son compte ? On montre à M. Amand Vincent un compte détaillé,
écrit en entier de la main de feu M. son frère, aux termes duquel il lui devait **32,372 fr.
10 cent.** au 1ᵉʳ janvier 1849, époque où le compte est interrompu ; on lui présente les
livres de son frère, écrits aussi de sa main, d'après lesquels cette dette se trouve détaillée
et justifiée, et non acquittée au jour de son décès. Assurément, c'était le moment d'arriver à compter ; mais ce n'est pas l'affaire de M. A. Vincent ; il espère que des comptes
entre son frère et lui seront plus ou moins dépourvus de pièces justificatives ; il compte

sur le désordre qui a été mis dans les papiers de son frère; il se fie aussi aux lenteurs des procès, et il a mieux aimé contester devant la Cour impériale, au nom de la mineure Vincent, sa pupille, la liquidation des reprises matrimoniales de sa belle-sœur, tout incontestables que sont ces reprises, que de venir faire son compte particulier avec la succession de son frère (1). Il ne saurait y avoir aucun intérêt pour la pupille à cette contestation, quel qu'en soit le résultat, puisque la succession de M. Louis Vincent ne suffira pas pour acquitter ses dettes, et que sa veuve en a payé et en payera encore une partie avec sa fortune particulière. Mais qu'importe? ce sera encore un retard, et M. A. Vincent sait la valeur des retards et le prix des ajournements.

Voilà tout le procès d'aujourd'hui; mais il ne suffit pas de le dire, nous allons le montrer en détail, preuves en main; et nous ferons voir ensuite l'inanité complète des motifs sur lesquels M. Amand Vincent fonde son appel des jugements du tribunal de Troyes (2).

Triste chose, comme nous l'avons dit en commençant, que de pareils débats! Nous les restreindrons le plus possible; mais nous devons expliquer comment les deux parties, aujourd'hui en procès, se sont trouvées rapprochées l'une de l'autre par les hasards de la vie; car c'est là le point de départ de toute cette malheureuse affaire.

Origine de la famille Vincent. — État de sa fortune.

M. Paullentru, notaire à Marcilly le Hayer, pays misérable il y a soixante ans, acheta, le 19 avril 1791, moyennant 38,800 francs, payés en assignats, un bien national, la ferme de Chanteloup Ce notaire n'avait point d'enfants, mais il avait un neveu et il en fit son légataire universel; ce neveu n'était pas capable de lui succéder dans son office de notaire; il était complétement illettré, ne sachant tout au plus que signer son nom ; c'était, du reste, un homme d'un caractère bizarre, emporté, se plaisant dans sa rusticité, et qui même, dans ses dernières années, quoique le cours des événements eût donné une valeur de 150 à 160,000 francs à l'héritage de son oncle, aimait à porter des vêtements en lambeaux et à effrayer les gens du bruit de ses violences.

Ce neveu épousa une villageoise comme lui, et de ce mariage sont nés M. Louis Vincent, décédé notaire à Troyes, M. Amand Vincent, notaire à Romilly, un autre Louis Vincent, décédé clerc de notaire, et une demoiselle Aglaé Vincent, aujourd'hui mariée à M. Durand, percepteur à Marcilly.

On voit que tous ces enfants ont marché dans le chemin qu'avait suivi le grand-oncle, de qui provenait la fortune et l'exemple du succès : il avait été notaire, ils se destinaient tous au notariat.

Conduite de M. Vincent, fils aîné.

M. Louis Vincent, le fils aîné, sembla mesurer, de bonne heure, la position de la famille, et le besoin qu'elle aurait d'un protecteur qui lui donnât l'appui et la direction qu'elle ne pouvait recevoir de son chef naturel; il était fort aimé de son oncle, qui semblait voir en lui l'avenir de tous les siens : son éducation fut aussi soignée que le permettait le peu de ressources qu'offrait le village de Marcilly, et à peine avait-il atteint l'âge où les jeunes gens commencent des études sérieuses, qu'il était envoyé seul à Troyes, qu'il y entrait comme clerc dans une étude de notaire, qu'il s'y faisait remarquer par le caractère le plus affable et par une constante application aux affaires, et qu'il y acquérait bientôt la confiance universelle qu'il a conservée sans le plus léger ombrage jusqu'à sa mort, et qui a causé tant d'embarras dans ses affaires, en les étendant au delà des limites qui convenaient à ses forces.

Quoiqu'il soit décédé depuis plus de trois ans, tout le monde attesterait encore aujour-

(1) M. et Madame de Colmont poursuivent devant le tribunal de Nogent-sur-Seine le règlement de ce compte.
(2) Voir la deuxième partie de ce Mémoire.

d'hui ce que nous disons de lui ; avec ce caractère et l'esprit de patronage envers ses frères et sœur, qui avait pris en lui d'autant plus de force qu'il se conciliait naturellement avec un sentiment d'amour-propre, il ne faut pas s'étonner que M. Louis Vincent, à peine eut-il établi à Troyes son influence et son crédit, y appelât M. Amand Vincent, son frère puîné, et plus tard M. Louis Vincent, son second frère.

Aussitôt qu'il eut fait venir l'aîné des deux, il le logea près de lui, le nourrit à la table à laquelle il était lui même abonné, et se montra en tout et sans cesse pour lui non-seulement un frère, mais un père tendre et affectueux. On trouve dans les comptes et les notes écrits de sa main, car il avait alors dans ses affaires un ordre et un soin auxquels peu de jeunes gens savent s'astreindre, la preuve de tout ce que nous avançons ici.

Toute cette jeune famille était née quelques années après le commencement du siècle : l'aîné, M. Louis Vincent, était, vers 1833, principal clerc de M. Pezé, notaire à Troyes, et les notaires qui ont été les confrères de M. Pezé, à cette époque, ou ceux de M. Louis Vincent dans le commencement de sa carrière, savent et affirment que c'était lui qui dirigeait à peu près seul l'étude de son patron.

Situation pécuniaire de M. Vincent, père.

Cependant M. Vincent, père, n'était à cette époque rien moins que riche; son oncle, M. Paullentru, l'avait bien fait son légataire universel, mais il avait, par son testament, imposé, par des legs particuliers, des charges pesantes à cet héritage, et d'autant plus pesantes que, faute de routes, et par l'effet de la pauvreté du pays, ravagé par les deux invasions de 1814 et de 1815, la ferme de Chanteloup produisait peu et n'avait alors qu'une valeur assez faible.

Le caractère du propriétaire, sa puissance intellectuelle, même son aptitude agricole, ne permettaient pas qu'il tirât de ce bien désolé, un parti fructueux, et cependant il avait fallu élever quatre enfants, dont les trois derniers étaient encore à sa charge : il avait été réduit à recourir aux emprunts et au crédit du fils aîné. La position de celui-ci était même devenue difficile par le zèle qu'il avait mis à soutenir sa famille, et l'on voit quelles angoisses cruelles lui causaient les embarras où il s'était ainsi jeté, dans une lettre inventoriée après le décès du père (1).

Tous ces détails ont une importance fort directe au procès, comme on le verra tout à l'heure.

Avances d'argent faites par M. Louis Vincent, fils aîné, à son père, et à son frère, notaire
à Romilly.

A l'époque de 1837, M. Louis Vincent qui n'était encore que principal clerc de M. Pezé, notaire à Troyes, avait fait pour son père et pour son frère des avances d'argent tout à fait hors de proportion avec sa position pécuniaire, et qu'il n'avait pu accomplir qu'au moyen des fonds déposés à l'étude de M. Pezé pour être placés sur billets, genre de placement fort en usage à Troyes.

De 1827 à la fin de 1837, il avait avancé à son père la somme énorme de 10,902 fr. 85 c.

Ces avances, dont le détail est en entier écrit de sa main, avaient eu pour objet le remboursement de dettes et d'emprunts antérieurement contractés par son père (2).

D'un autre côté, M. Amand Vincent avait, dès le 10 avril 1834, et sous les auspices de son frère, acheté de M. Moulins, l'étude de notaire à Romilly-sur-Seine, dont il est encore titulaire (3).

Il ne possédait personnellement rien au monde pour en payer le prix, fixé à 38,000 fr.;

<hr>

(1) Pièce justificative, n° 4.   (2) Pièce justificative, n° 5.   (3) Pièce justificative, n° 6.

son père, au moyen d'une procuration donnée à son fils aîné, lui avait servi de caution (1); mais il ne suffisait pas au vendeur d'avoir dans le père une garantie solvable, il avait besoin qu'une partie du prix lui fût payée en argent comptant. Pour arriver à ce résultat, M. Vincent père, que nous venons de voir tellement gêné dans ses affaires qu'il devait à son fils aîné près de 11,000 francs qu'il ne pouvait lui rendre, quelque instant qu'il eût été de le faire, puisque ces 11,000 francs appartenaient à des tiers, ne put faire autre chose que de donner une procuration à ce même fils aîné, providence de la famille, à l'effet d'emprunter en son nom 15,000 francs, pour payer les premiers termes de l'étude de Romilly (2).

Emprunts pour payer la charge de notaire à Romilly.

Au moyen de cette procuration, en date du 10 avril 1834, M. Louis Vincent emprunta, le 27 juin 1835, à M. Argentin Prevost, une somme de. . . . . . 5,000 fr.
Le 20 juin 1834, à une dame Camusat. 3,000
Et le 5 juillet 1834, à la même dame. 5,000

————————
13,000f.(3)

Jamais le père, ni M. Amand Vincent n'ont remboursé ces emprunts, on verra plus loin ce que ces affaires sont devenues.

En même temps que M. Louis Vincent rendait à son père de tels services d'argent, il avait, à l'égard de son frère, comblé la mesure du dévouement, et peut-être dépassé de beaucoup celle de la prudence; il lui avait, par une suite de prêts ou de payements faits pour lui, avancé plus de 27,000 fr.; c'est le commencement de la dette qui s'est élevée, au 1er janvier 1849, à 32,372 fr. 40 c., comme on l'a dit plus haut. Tout cela résulte de comptes fort détaillés, écrits en entier de la main de M. Louis Vincent, et arrêtés par lui, tant au 1er janvier 1838, que subséquemment, d'année en année.

Ainsi, vers la fin de 1837, M. Louis Vincent s'était mis en avance, à l'égard de son père et de son frère, de la somme énorme pour un jeune clerc de notaire, qui ne possédait que son intelligence et sa bonne réputation, de 38,000 fr., et il avait fait prêter à son père, pour être remis à son frère, 13,000 fr., prêt qui avait eu lieu de la main à la main, par actes sous seings privés, et par des clients de l'étude de M. Pezé, en tout 51,000 fr.

Situation embarrassée de M. Louis Vincent, en 1837, par suite des avances d'argent faites à sa famille.

Certainement la situation était hasardée; le moindre événement désastreux pouvait mettre le jeune maître-clerc dans une position fort embarrassée; mais M. Louis Vincent jouissait de toute l'estime des personnes qui le connaissaient, et, après tout, c'était une maxime alors universelle parmi les clercs de notaire, qu'ils étaient destinés à faire de riches mariages, qui les portaient en un jour au pinacle de la fortune : il suffisait d'être notaire.

M. Amand Vincent, déjà notaire, n'avait plus qu'à se marier, et M. Louis Vincent se mit à traiter de l'étude de M. Pezé.

Il l'acheta 156,000 fr.; mais à la condition que, pendant sept ans après le traité, il y continuerait les fonctions de principal clerc. Les bénéfices, pendant ces sept années, devaient être partagés entre son patron et lui, d'après de certaines proportions que nous n'avons pu découvrir, et ce n'était qu'à l'expiration de ces sept années qu'il devait entrer en possession de l'étude.

M. Amand Vincent se maria, lui, dès 1836; mais il fit mentir, quant à la dot de sa femme, la maxime des notaires de l'époque. Il n'exerçait, il est vrai, que dans un petit chef-lieu de canton, et les produits de son étude, malgré l'abondance des capitaux que son frère y versait, n'ont jamais, bruts, dépassé 10,000 fr. C'est un faible revenu pour suffire à ses dépenses, pour peu qu'on ne sache pas les restreindre à la limite convenable.

Mariage de M. Louis Vincent.

M. Louis Vincent songeait aussi à se marier. Mlle Perrot avait une fortune d'environ 250,000 fr., dont elle était en possession, parce qu'elle provenait de l'héritage de son grand-père et de sa grand'mère, dont elle avait hérité directement depuis le décès de sa mère. Elle avait vingt-deux ans, et M. Perrot, son père, avait quelque peine à consentir à ce qu'elle se mariât, dans la crainte, fondée sur tant d'exemples, que sa fortune même ne fût la cause d'un mauvais choix.

M. Louis Vincent se présenta ; il connaissait très parfaitement le chiffre de la fortune de Mlle Perrot ; il avait fait les inventaires après le décès de ses parents, et de plus, il administrait ses biens comme maître-clerc de M. Pezé ; il jouissait d'une excellente réputation, comme nous l'avons dit, et il la méritait ; M. Perrot cependant, ne se rendit qu'avec une difficulté poussée à l'extrême, et sous la condition absolue que M. Vincent serait notaire en titre, avant la signature du contrat.

Dissimulations dans son contrat de mariage.

C'était une grosse difficulté : d'après le traité entre M. Pezé et M. Louis Vincent, celui-ci ne devait succéder à l'autre qu'au bout de sept années ; attendre, c'était évidemment manquer le mariage, et le parti était riche démesurément au delà de ce que M. Louis Vincent pouvait espérer, indépendamment de la position intenable où il s'était compromis pour sa famille ; il fallait surmonter à tout prix la difficulté : il fut vérifié entre M. Pezé et M. Vincent, que l'étude pouvait rapporter au notaire en titre qui devait en jouir encore pendant sept années, un produit net de 7000 fr. par an, et sans hésiter, surtout sans en souffler mot à la famille Perrot, M. Vincent livra à son patron 50,000 fr. comptant, qu'il prit tout d'abord sur la dot de sa femme qui consistait en grande partie en obligations dont on fit le transport (1).

M. Louis Vincent fut donc notaire titulaire, et le contrat de son mariage avec Mlle Perrot fut signé par les deux familles.

Ce contrat, passé sous le régime de la communauté, énonça que M. Louis Vincent apportait en mariage ses habits, linge, etc. estimés quelques mille francs que selon l'usage ils étaient loin de valoir, et de plus sa charge de notaire, sur le prix de laquelle, dit le contrat, il n'avait encore rien payé ; mais on se garda bien de dire le véritable prix ; on supposa, selon le traité ostensible entre M. Pezé et M. Louis Vincent, que celui-ci n'avait acheté l'étude que 156,000 fr., et on dissimula, quelque pénible qu'il soit de le dire, on dissimula par une fraude coupable, le surplus du prix qu'on avait eu la faiblesse de donner, 50,000 fr., somme énorme, dont on grevait d'avance la communauté.

Mais comment M. Louis Vincent pouvait-il faire, à moins d'un énergique sentiment du bien et de l'honnête, empêtré qu'il était dans les affaires de sa famille ? Ce n'était pas avec ses deniers qu'il avait avancé 11,000 francs à son père, 27,000 francs à son frère : quand ceux-ci lui auraient-ils pu rendre ces sommes considérables ? Aux demandes du fils, le père n'eût répondu que par des emportements et des violences, et on n'envoie pas un huissier à son père, surtout pour lui réclamer de l'argent qu'on lui a prêté avec la bourse d'autrui ; aux demandes du frère, le frère n'aurait pas répondu, car la correspondance entre les deux frères prouve que toutes les fois que celui de Troyes réclamait de l'argent à celui de Romilly, il n'en recevait pas de réponse.

(1) Voir la lettre de M. Aucoc à M. Amand Vincent, pièce justificative, n° 12. *Cette pièce est fort importante*

M. Louis Vincent se résigna donc à cette dissimulation ; et cependant c'était un dé-tournement de 50,000 francs qu'il faisait au préjudice de la communauté.

Mais il était écrit qu'il irait bien plus loin : il se mariait au mois d'octobre 1837 ; nous avons sous les yeux les comptes détaillés et circonstanciés écrits de sa main et remontant année par année jusqu'à 1827, d'après lesquels son père lui devait près de 11,000 francs et son frère près de 27,000 francs au 1er janvier 1838. C'était un actif qu'il devait natu-rellement mentionner dans son contrat de mariage ; mais il se garda bien d'en rien dire, par la raison toute simple qu'il était impossible qu'il eût gagné et économisé cette somme de 38,000 francs, et qu'il eût été évident, dès le premier mot qu'il en aurait dit, que s'il l'avait prêtée à ses père et frère, il n'avait pu se la procurer que par des deniers d'em-prunt ; les parents de la future eussent reconnu tout d'abord dans quelle voie embarrassée le jeune homme s'était imprudemment jeté, et le mariage n'eût pas eu lieu.

Ces dissimulations ont eu de funestes résultats. M. Louis Vincent n'a jamais pu se résoudre à des aveux qui auraient très probablement jeté entre la famille de sa femme et la sienne des éléments de discorde ; il est évident que l'une avait été trompée par l'autre, et qu'à la tromperie on avait ajouté une sorte de violence, en forçant le consente-ment de M. Perrot ; et toute la famille Vincent avait pris part à ces actes coupables !

De tels procédés ne se pardonnent guère ; il fallait donc les enfouir dans le plus inviolable secret : c'est ce qu'ont fait les Vincent ; et la veuve du notaire de Troyes n'a appris qu'à la mort de son mari, et de la bouche de son beau-frère, le détournement de 50,000 ; quant aux dettes de celui-ci et de son beau-père envers son premier mari, elle ne les a connues que depuis son second mariage.

Il était facile de prévoir quelles devaient être les suites d'une situation pareille ; M. Louis Vincent, obligé dès le jour de son mariage de cacher l'état de ses affaires à sa femme, fut forcé, pour rétablir sa fortune, de donner aux affaires de son étude une im-pulsion au-dessus de ses forces ; bientôt il se sentit faiblir sous le poids, et il dut aban-donner les détails de son étude à son principal clerc ; sa confiance cette fois encore ne fut pas heureuse ; et cependant sa santé s'altérait ; comment eût-il pu surmonter la contrainte où il vivait dans son intérieur ? les inquiétudes et les chagrins que lui causèrent des pertes d'argent considérables qu'il fallut aussi cacher ? et peut-être plus que tout cela, la situa-tion où il s'était mis à l'égard de sa famille, qui était maîtresse de son secret ?

D'après les registres de caisse de M. Vincent, tenus de sa main, on voit que depuis son mariage jusqu'à sa mort, il a encore avancé à son père et à son frère des sommes qui s'élèvent pour l'un de 3 à 4,000 fr., et pour l'autre de 5 à 6,000 fr.

Mort de M. Louis Vincent.

Nous allons voir maintenant quelle a été la conduite de M. Amand Vincent depuis la mort de son frère.

M. Louis Vincent est décédé subitement, dans la nuit du 16 au 17 juin 1850, et il se trouvait, au moment de son décès, dans une situation extrêmement critique.

Son père et son frère lui devaient, comme on l'a vu, plus de 50,000 fr. en capital, qu'il lui était impossible de se faire payer ; il avait d'ailleurs perdu, par suite de prêts faits avec imprudence, des sommes fort considérables, et entre autres plus de 30,000 fr. avec une seule de ses clientes, Madame Des Bordes, propriétaire d'une sucrerie à la Guadeloupe. Pour surcroît d'embarras, il était décidé à se séparer *dès le lendemain,* ainsi qu'il l'annon-çait le jour même de sa mort à M. Aucoc, son ami et son confrère, avec qui il avait fait ce jour-là une adjudication, de son maître-clerc qui était chez lui depuis 1842, et il fallait des raisons bien graves pour qu'il prît cette détermination ; car ce maître-clerc connaissait les affaires de l'étude comme M. Vincent lui-même, mieux que lui peut-être. Aujourd'hui, la succession de M. Louis Vincent plaide contre ce maître-clerc pour en obtenir le rem-boursement d'environ 15,000 fr., montant d'un déficit reconnu dans sa caisse.

C'est placé dans de telles circonstances que M. Vincent meurt subitement, en un instant, de la rupture d'un anévrisme.

Conduite de M. Amand Vincent, notaire à Romilly, à la mort de son frère.

Il est facile d'imaginer quelle fut la douleur de sa veuve; eût-elle été capable de prendre une part quelconque aux affaires de son mari, certainement, dans ces moments-là, elle ne l'eût pas pu faire; mais son mari ne lui avait jamais laissé savoir un mot de ses affaires personnelles; et quant aux affaires de l'étude, il n'est pas besoin de dire que le notaire n'en entretenait pas sa femme.

La malheureuse veuve fut donc, quoique tutrice naturelle de sa fille mineure, le seul enfant issu de son mariage, étrangère, par la force des choses, à l'inventaire qui fut fait après la mort de son mari. A l'heure même du décès, M. Aucoc, qui demeurait porte à porte avec M. Vincent, qui fut appelé le premier dans cet instant de trouble, et qui plus tard a fait l'inventaire, demanda et reçut les clefs de la caisse; il constata sur-le-champ, en présence du principal clerc, les valeurs en numéraire qui s'élevaient à 33,547 fr. 75 c.

La connaissance que M. Amand Vincent ne pouvait manquer d'avoir de la manière d'administrer de son frère, un seul coup d'œil jeté sur le livre de caisse du principal clerc, où on lit à chaque page, écrit de sa main, l'aveu de ses nombreuses erreurs; les faits qui se passaient à l'étude, même dès les premiers jours après le décès du notaire, toutes ces circonstances imposaient à son frère, M. Amand Vincent, notaire aussi, le devoir de faire procéder promptement à l'inventaire et d'y apporter une sévère régularité.

Il s'en faut bien qu'il en ait été ainsi.

Inventaire.

L'inventaire ne fut commencé que le 6 août, cinquante jours après le décès; on n'avait pas mis les scellés, et comme M. Vincent avait entre ses mains, non-seulement des valeurs en numéraire, mais aussi des valeurs de portefeuille, dont il n'existait pas un état détaillé, ou du moins si cet état existait, comme il n'a pas été inventorié ni retrouvé, il en résulta que pendant cinquante jours ces valeurs, éparses dans les dossiers, sont restées à la disposition, soit de M. Amand Vincent, qui présidait à l'inventaire en sa qualité de subrogé-tuteur, soit du principal clerc, qui a continué pendant ce temps de gérer l'étude, comme si le notaire vivait encore : et cette étude était autant le bureau d'un banquier qu'une étude de notaire! et le principal clerc poussa la liberté d'action jusqu'à prêter de l'argent de la caisse notariale aux clients de l'étude.

Quand nous avons en France l'opinion que nos lois entourent de leur protection la veuve et l'orphelin, deux noms qui résonnent si souvent sous les voûtes du palais de la justice, et qui devraient nous représenter des êtres que leur faiblesse rend sacrés, pourrait-on croire que c'est ainsi que leurs intérêts sont abandonnés au désordre et à la main du premier occupant?

L'inventaire fut inexact, et le notaire qui le rédigeait fut forcé de l'interrompre faute de renseignements: des créances considérables soit actives, soit passives, y furent omises, et à ce point que les recouvrements effectués se sont élevés à plus du double de l'actif porté en l'inventaire, de même aussi que les payements des dettes comparées aux énonciations de l'inventaire, font ressortir les plus énormes différences. Peut-être répondra-t-on qu'il était impossible de mettre les scellés sur les papiers de l'étude, parce que c'eût été en interrompre les affaires, et dès lors porter préjudice aux clients et altérer la valeur de l'office ; et qu'en ne mettant pas les scellés, on se trouvait dans l'impossibilité de régler les comptes qui ne pouvaient être établis que par l'examen des dossiers : c'est une assertion, et non une excuse ; mais évidemment quelles que fussent les difficultés, plus même elles étaient grandes, plus elles devaient imposer de scrupule à M. Amand Vincent, en sa double qualité de notaire et de subrogé-tuteur.

M. Amand Vincent, procédant à l'inventaire comme subrogé-tuteur, y fait omettre les sommes dues à son frère par son père et par lui-même.

S'il devait mettre un soin scrupuleux à faire constater les sommes dues par de simples clients de l'étude, quel devoir sacré n'était-ce pas pour lui de faire établir et mentionner à l'inventaire la dette de son père et la sienne envers la succession de son frère?

Quel motif avouable a-t-il pu avoir de ne faire inscrire ni l'une ni l'autre dans l'inventaire, surtout quand il savait que sa belle-sœur ignorait ces deux dettes et quand on n'inventoriait que la moindre partie des papiers qui pouvaient servir à les établir?

C'est cependant ce qu'a fait M. Amand Vincent. Il n'a fait mentionner à l'inventaire ni la dette de son père envers la succession de son frère, laquelle, d'après les pièces retrouvées dans les papiers non inventoriés de M. Louis Vincent, s'élèverait à 35,413 fr. 55 c. en principal, y compris les 13,000 fr. empruntés en vertu de procurations, ni sa propre dette qui, selon les comptes écrits en entier de la main du défunt, serait de 32,372 fr. 40 c. au 1ᵉʳ janvier 1849, ni la singulière créance dont nous allons parler.

Omission plus grave encore d'une créance payable en son étude.

M. Vincent de Troyes avait l'habitude d'avancer des fonds à ses clients. Vers 1843, il avança de fortes sommes à un M. Fortier, qui possédait et voulait vendre des biens fonds, situés à Pars, canton de Romilly. La vente eut lieu en effet à Romilly, par le ministère de M. Amand Vincent, et le prix fut stipulé payable en son étude. Comme on accorde toujours des délais de payement pour faciliter l'achat des terres aux cultivateurs, cette vente amena une suite de comptes entre M. Fortier et M. Vincent de Troyes, qui avait fait vendre ces biens par l'entremise de son frère de Romilly, et entre ce dernier et M. Vincent de Troyes, à qui seul M. Fortier avait affaire. Avant que ces comptes fussent terminés, M. Fortier vint à mourir, laissant deux filles, dont l'une mariée à M. D'Ambly, propriétaire à Saint-Benoît-sur-Vannes. C'était en 1849; le partage de la succession de M. Fortier fit écheoir à M. D'Ambly une créance sur un M. Cossard, boucher aux Granges et propriétaire dans une grande aisance; laquelle créance, échue depuis longtemps, était le prix de l'une des pièces de terre vendues par M. Fortier, dans l'étude de Mᵉ Vincent de Romilly. M. D'Ambly, en réglant, en 1849, avec M. Vincent de Troyes, les comptes qui le concernaient, exigea que celui-ci lui payât le montant de cette créance, sur laquelle M. Vincent de Troyes n'avait reçu de son frère aucun à-compte ni en capital, ni en intérêts. M. Vincent dut céder à cette réclamation, et il paya à M. D'Ambly 3,851 fr. 15 c., tant pour le capital que pour les intérêts, depuis le jour de la vente jusqu'à celui du règlement, seulement M. Vincent nota sur ce compte avec M. D'Ambly qu'il payait cette somme, *quoiqu'il ne l'eût pas encore recouvrée.*

Les choses étaient dans cet état au jour de son décès et aussi au moment de l'inventaire : c'était une créance de 3,851 fr. 15 c. et les intérêts qui étaient dus à la succession Vincent, dont il n'existait d'autre titre que l'annotation mise sur le compte réglé avec M. D'Ambly, qui était payable en l'étude de M. Vincent de Romilly, exigible depuis sept ans, et sur laquelle il n'avait rien été payé, ni en capital, ni en intérêts. S'il n'y avait pas de trace facilement saisissable de cette créance dans l'étude de Troyes, elle était au contraire inscrite partout dans l'étude de Romilly où elle était payable; il était impossible qu'on l'y oubliât, d'abord à cause de son importance, et ensuite parce que la minute et le cahier d'adjudication, où elle était constatée, ne pouvaient pas rester muets.

Cependant M. Amand Vincent a omis cette créance dans l'inventaire, qui a duré quatre mois : il n'en a parlé à personne jusqu'au jour où le hasard l'a fait découvrir au tuteur, sous les yeux de qui est tombé accidentellement le vieux compte réglé avec M. D'Ambly et l'annotation, *payé quoique non encore recouvré.* Alors M. Vincent de Romilly à qui s'adressa le tuteur, reconnut que la somme était due à la succession de son frère par ledit Cossard, et peu de temps après, le payement eut lieu en capital et intérêts, non par les mains du débiteur, mais par celles du notaire.

Voilà un notaire, un frère, un subrogé-tuteur bien singulièrement négligent; et un débiteur bien lent à payer pendant sept ans, bien preste à s'acquitter lorsque l'on s'adresse au notaire avec qui il devrait compter.

Cependant sa belle-sœur, dont le père était déjà atteint par les infirmités de l'âge, qui n'avait autour d'elle, avant son second mariage, ni appui, ni conseil, ni le moyen de consulter personne, puisqu'on n'avait laissé entre ses mains aucune pièce, aucun document sur lequel elle pût fonder une consultation, puisque l'inventaire après le décès de son mari n'était pas encore achevé, continuait de laisser à M. Amand Vincent la direction de ses affaires, qu'il lui était bien impossible de lui retirer.

Vente de l'étude à M. Petit.

Avant que l'inventaire fût seulement commencé, il s'était déjà trouvé un successeur à M. Louis Vincent, et le notaire de Romillly avait déterminé sa belle-sœur à traiter avec lui du prix de l'étude. Ce successeur était M. Petit, aujourd'hui notaire à Troyes; il obtint, pour payer le prix de la charge qu'il achetait 167,500 fr., divers termes de payement, dont le dernier allait à douze années, sauf cependant un payement comptant de 45,000 fr., d'un autre côté, il fut chargé du recouvrement des sommes dues à l'étude pour frais d'actes. On partit de là pour le mettre en possession de tous les titres, pièces, registres, inventoriés ou non, sans bordereau, sans inventaire, ni aucune constatation quelconque.

M. Amand Vincent connaissait-il M. Petit avant de lui livrer ainsi, les yeux fermés, la fortune possible de son frère et celle de sa belle-sœur? S'il le connaissait avant le traité, il ne l'a jamais dit, et il aurait fait là un mystère qu'on ne suppose pas; car cette supposition conduirait à des inductions fort graves, quoiqu'elles ne le seraient pas plus à son égard que les faits établis; mais s'il ne le connaissait pas, comme on le croit, voilà une confiance bien étrange!

Comment! M. Amand Vincent chargeait de la liquidation de la succession de son frère, dont l'actif ni le passif n'étaient fixés, puisque l'inventaire n'était pas commencé, une personne qu'il ne connaissait pas, et sur laquelle tout contrôle se trouvait impossible; et plus encore, sans savoir si le passif de la succession de son frère dépasserait ou non l'actif, ayant même lieu de croire la succession obérée, puisqu'il avait connaissance des 50,000 fr. donnés à M. Pezé, et des 60,000 fr. prêtés à son père et à lui-même; en présence, par conséquent, de créanciers à satisfaire argent comptant, il accordait à M. Petit jusqu'à douze années pour payer le prix de sa charge.

M. Vincent, notaire à Romilly, est un homme d'affaires et un homme d'affaires qui paraît assez réfléchi; que se proposait-il donc en agissant ainsi? Chaque pas que nous allons lui voir faire ne nous l'apprendra que trop bien.

Situation des parties à la fin de 1850.

Telle était donc la situation des parties à la fin de 1850, six mois après la mort de M. Louis Vincent.

La veuve, tutrice de sa fille, avait été dépouillée de tout, hormis du mobilier de son mari : pièces, papiers, registres, titres, numéraire, on avait tout retiré de ses mains, et on avait suspendu l'inventaire, qu'on laissait interrompu faute de renseignements.

On lui avait annoncé que l'étude que l'on venait de vendre 167,500 fr. en avait coûté 206,000; c'était commencer à préparer les explications qui devaient être nécessaires dans la suite, pour lui faire comprendre la disparition de sa fortune.

M. Petit était saisi de tous les titres, registres et papiers de la succession sans inventaire, sans aucun état indicatif de ceux qui avaient été jetés pêle mêle entre ses mains.

Et quant à M. Amand Vincent, il avait oublié de faire mentionner à l'inventaire que son père ni lui dussent aucune somme à son frère défunt ; il avait même oublié la créance Cossard, échue depuis sept ou huit ans, payable en son étude, et dont il n'y avait pas de trace dans celle de son frère, ou du moins dont il n'y avait qu'une trace fugitive.

Dans cet état des choses, M. Amand Vincent avait tout disposé de manière à ce que, probablement, on ne lui demandât jamais aucun compte personnel ; il suffisait de s'arranger de manière à n'avoir en face de lui dans l'avenir que sa belle-sœur et sa pupille ; si tous les créanciers de son frère pouvaient être intégralement payés, sa belle-sœur dût-elle être ruinée sans ressources, il y avait lieu de penser que personne n'ayant intérêt de pénétrer à fond dans les affaires de son frère, on le laisserait lui, Amand Vincent, et la succession de son père sans les inquiéter du payement de leurs dettes, dont ils se considéraient depuis longtemps comme dispensés.

Administration des affaires de la succession par M. A. Vincent.

On se mit donc à l'œuvre pour payer tous les créanciers ; d'abord on était à peu près sûr que l'actif de la communauté, en y joignant la fortune de la veuve, suffirait pour combler le passif : il n'y avait donc qu'à persuader à celle-ci que son mari avait fait d'opulentes affaires et à la déterminer, dans cette conviction, à prendre des engagements personnels envers les créanciers qui savaient tous qu'elle était suffisamment riche ; les choses seraient ainsi allées d'elles-mêmes ; au jour du payement des engagements contractés par la pauvre femme, on aurait ouvert la trappe et le dénoûment se serait fait.

Quant à M. Petit, il n'y avait rien à craindre de lui ; son intérêt était que les créanciers de son prédécesseur fussent tous payés ; il n'y avait pas à redouter qu'il se dressât en faveur de la mineure et de la veuve contre le subrogé-tuteur, pour s'opposer à ce que celle-ci contractât des engagements dont sa ruine devait être la conséquence ; au contraire, on pouvait être sûr qu'il contribuerait à lui faire souscrire une partie de ces engagements, puisque c'est ce qu'il a fait.

Engagements personnels qu'il fait souscrire à Madame veuve Vincent.

Le 30 juillet 1851, on fit signer à Madame veuve Vincent une obligation sous seing privé de 12,500 fr. en faveur de M. Demange, qui avait déposé pareille somme à l'étude de M. Vincent, ci . . . . 12,500 fr.

L'obligation, écrite en entier de la main de M. Amand Vincent, énonce qu'elle a pour objet un solde de compte dû par la succession de M. Vincent.

Le 5 septembre 1851, on fit signer à Madame Vincent, au profit de M. Doé-Deheurles, gendre de M. Deheurles-Billy et membre du conseil de famille de Mademoiselle Marie Vincent, une obligation de 2,000 fr., montant du solde de son compte avec M. Vincent, ci 2.000

Cette obligation, en entier de la main de M. Amand Vincent, énonce qu'elle a pour objet un prêt de 2,000 fr. fait par M. Doé à Madame veuve Vincent, ce qui était un fait faux, M. Doé-Deheurles n'ayant jamais prêté aucune somme à Madame veuve Vincent.

Le même jour on lui fit souscrire une obligation de 6,000 fr. en faveur de M. Helmesteller, pour rembourser à celui-ci pareille somme que M. Vincent avait conservée entre ses mains à titre de placement pour le compte de son client, ci 6.000

L'obligation est de la main de M. Petit, sur un papier timbré, où il

A reporter.   20,500 fr.

Report.   .   .   20,500 fr.

avait commencé à écrire l'obligation à M. Doé dont il est question ci-dessus.

Le concours de M. Petit à ces actes est donc évident.

Ainsi deux notaires, l'un beau-frère de la veuve, l'autre successeur de son mari, se réunissaient pour lui faire signer, à elle ignorant les affaires et confiante en eux, des obligations qui, pour elle, n'avaient pas de cause, et où l'on supposait le fait de prêts d'argent, qui n'avaient pas eu lieu.

Enfin, encore le même jour, on lui fit signer une obligation de 11,000 fr. au profit de M. Durieux de Gournay, pour payement de pareille somme à lui due comme héritier de Madame Camusat, créance dont nous avons parlé et sur laquelle nous allons revenir, ci.   **11,000**

Ces trois dernières obligations, obtenues le même jour de Madame veuve Vincent, par M. Amand Vincent et par M. Petit, ensemble 19,000 fr., étaient payables toutes les trois le 5 septembre 1853, en l'étude de M. Petit; pendant les deux années que l'on avait devant soi, tout l'actif de la succession eût été employé pour payer les créanciers; et à l'échéance, il ne serait rien resté à la veuve ni à l'orpheline. Du reste, on n'avait pas laissé copie à Madame veuve Vincent des obligations qu'on lui faisait souscrire.

Le 10 ou le 12 décembre 1851, M. Petit vint chez Madame veuve Vincent, en compagnie de M. Camusat-Busserolles, et ils obtinrent son endossement, pour aval, sur deux billets souscrits par feu M. Vincent, au profit de M. Camusat-Busserolles, s'élevant à 9,000 fr., ci.   9,000

En tout.   .   .   .   40,500 fr.

On avait, en outre, employé les 45,000 fr. payés par M. Petit sur le prix de la charge, et les 8,000 fr. du cautionnement de M. Vincent, en qualité de notaire, et tout l'argent trouvé dans la caisse au jour de son décès, et le montant de tous les recouvrements effectués, à payer d'autant les créanciers de l'étude.

Étonnantes affaires et qui doivent paraître fabuleuses aux gens de bien !

Nous ne nous arrêterons pas à faire remarquer tout ce qu'il y avait d'irrégulier, d'imminemment ruineux, non-seulement à disposer de l'actif de la communauté sans régler les intérêts de la veuve ; mais encore à lui faire signer des engagements personnels pour l'extinction des dettes de son mari, avant que la liquidation de la succession de celui-ci permît de savoir, même approximativement, la profondeur du gouffre où on la plongeait.

On ne pouvait avoir en effet aucune idée du chiffre de ces dettes, d'abord parce que ni le passif ni l'actif n'étaient connus, même par aperçu, dans le désordre où étaient les écritures, l'inventaire étant resté incomplet, et la solvabilité des débiteurs n'étant rien moins que certaine pour une part d'entre eux ; mais ce qui rendait plus inappréciable encore le chiffre du passif, c'était l'étendue des actions en responsabilité qui pouvaient et qui furent en effet dirigées contre la succession de M. Vincent, pour les placements qui, soit par sa propre faute, soit par celle de son principal clerc, avaient été faits d'une manière irrégulière, et avaient amené des pertes d'argent au détriment des clients de l'étude.

Dans une seule affaire de ce genre, la succession de M. Vincent fut condamnée, en 1851, à payer à M. Deheurles-Billy, beau-père de M. Doé-Deheurles, membre du conseil de famille, une somme de près de 35,000 fr. pour omission de signification du transport d'une créance; et, ce qui paraîtra incroyable, Madame veuve Vincent ne fut instruite de ce fait que par une dame de ses amies qui l'avait entendu dire.

Assurément, faire, dans une telle situation des affaires, signer des engagements personnels à la veuve de M. Vincent, c'était livrer sa fortune à elle, l'héritage qu'elle avait à recueillir de son père et tout espoir de fortune à venir pour sa fille, aux créanciers de son mari.

Un beau-frère, un notaire qui pousse ainsi à sa perte une femme ignorante des affaires et qui se confie à lui, ne persuadera jamais à personne qu'il ait été dirigé par l'intérêt de sa pupille ; mais l'obligation de 11,000 fr., qu'il fit souscrire à sa belle-sœur au profit de M. Durieux de Gournay, présente des circonstances particulières qui achèveront de mettre en lumière la conduite de M. Vincent, notaire à Romilly.

Créance de M. Durieux de Gournay.

Nous avons déjà dit qu'il a acheté sa charge 38,000 fr. et que pour payer les premiers termes de ce prix, un emprunt de 13,000 fr. avait été fait au moyen d'une procuration donnée par son père, savoir : 5,000 fr. à un M. Argentin Prévost, et 8,000 fr. à une Dame Camusat, le tout par l'entremise de son frère aîné.

Or ni le père, ni M. Amand Vincent, n'ont jamais remboursé ces 13,000 fr., il parait même qu'ils n'en ont pas servi les intérêts.

M. Louis Vincent ayant succédé à M. Pezé, et réglant, en 1842, le compte de M. Argentin Prévost, lui avait, de ses deniers, remboursé les 5,000 fr.

Au contraire, à l'égard de Madame Camusat, il s'était borné à lui payer annuellement les intérêts de ses 8,000 fr.

Au décès de M. Louis Vincent, ces 8,000 francs étaient encore dus, et sans doute que, n'étant pas pressé par madame Camusat, il avait voulu ajourner jusqu'après la mort de son père, l'apurement de ces affaires d'argent, devenues si difficiles.

Cependant madame Camusat était morte : elle avait laissé deux héritiers qui, tous deux, avaient des comptes ouverts dans l'étude de M. Vincent, notaire à Troyes ; M. Durieux de Gournay, celui des deux à qui échut, dans le partage de la succession de madame Camusat, la créance de 8,000 francs sur M. Vincent père, n'avait pas entre ses mains les deux obligations souscrites par M. Louis Vincent, au moment du prêt, et comme mandataire de son père ; ces deux obligations étaient restées au dossier de madame Camusat, dans l'étude de M. Pezé, et elles avaient passé avec l'étude et les dossiers dans les mains de M. Louis Vincent, comme, à la mort de celui-ci, elles ont passé dans les mains de M. Petit. M. Durieux de Gournay n'avait d'autres titres que les comptes nombreux que, deux ou trois fois par an, M. Louis Vincent avait fournis, soit à madame Camusat, soit, depuis sa mort, à M. Durieux de Gournay lui-même. Ces comptes étaient écrits de la main d'un clerc de l'étude ; on y lisait, de semestre en semestre, la mention suivante : *Reçu pour intérêts de la somme de 8,000 francs, prêtés à*   ; ici le clerc avait laissé le nom du débiteur en blanc, et M. Louis Vincent avait écrit de sa main les deux mots *mon père*, et l'on portait en recette 200 fr.

Ce titre suffisait bien à M. Durieux de Gournay, tant que vécut M. Louis Vincent ; mais à la mort de celui-ci, M. Durieux, homme d'ordre, chef de bureau au ministère des finances, à qui d'ailleurs M. Louis Vincent devait le solde de son compte courant, montant à 3,000 francs, désira être payé, ou avoir une garantie suffisante du payement. Il ne voulut entendre à aucune proposition de M. Amand Vincent, parce qu'il avait des fonds à recouvrer sur l'étude de Romilly et qu'il ne pouvait les en tirer.

Alors M. Amand Vincent vint trouver sa belle-sœur, et il lui fit signer la pièce suivante, écrite en entier de sa main, que nous transcrivons ici mot pour mot, avec les omissions qui s'y trouvent.

« Je soussignée madame Victoire Perrot, propriétaire, demeurant à Saint-Martin-ès-
« Vignes, près Troyes, veuve de M. Louis Vincent, ancien notaire,

« Reconnais devoir à M. Durieux de Gournay, propriétaire, demeurant à Paris, rue
« Lavoisier, la somme de onze mille francs, que je m'oblige à payer en espèces son-
« nantes, aux titre et cours actuels et non autrement, à M. de Gournay, en l'étude de
« Mr Petit, notaire à Troyes, le cinq septembre mil huit cent cinquante-trois, avec intérêts

« sur le taux légal de cinq pour cent à partir de ce jour, et dont le service devra se faire
« tous les ans jusqu'à libération.

« Laquelle somme est pour prêt de pareille (1), que M. de Gournay (2) à Madame Vincent.

« Fait à Troyes, le cinq septembre mil huit cent cinquante et un. »

Ainsi, non-seulement M. Amand Vincent faisait signer à sa belle-sœur des engagements personnels, à elle, inhabile aux affaires, et hors d'état de se conduire dans ce dédale d'emprunts et de prêts d'argent; non-seulement il la faisait s'obliger personnellement pour les dettes de son mari, dont elle ne pouvait ni ne devait être responsable; mais encore il la faisait s'engager personnellement au payement d'une dette du père de son mari, d'une dette contractée pour lui en fournir le montant à lui-même, Amand Vincent, d'une dette qui, en définitive, est la sienne propre, et qui ne pouvait être exigée de M. Louis Vincent qu'à titre de responsabilité notariale pour placement mal fait.

Et il inscrivait dans l'obligation qu'il faisait signer à sa belle-sœur, ces deux lignes que nous avons transcrites sans y rétablir les mots omis par M. Amand Vincent, omissions qui trahissent le trouble qu'il éprouvait au moment où il écrivait cet acte inqualifiable pour nous; car il était faux que M. de Gournay eût prêté aucune somme à madame Vincent; il avait seulement demandé qu'on lui remboursât l'argent dû à madame Camusat, ou qu'on lui donnât le titre qu'il devait avoir contre son débiteur.

Nous n'ajouterons pas un mot sur de pareils faits; ils se commentent d'eux-mêmes, et c'est déjà trop pour nous que d'avoir à les exposer.

En même temps que M. Amand Vincent plaçait ainsi sa belle-sœur dans la position de se voir prochainement dépouillée de sa dot et de tout ce qu'elle possédait, M. Petit employait à acquitter les dettes de l'étude toutes les sommes dont il opérait le recouvrement. Son traité ne lui avait pas donné ce pouvoir; mais il se concertait avec M. Amand Vincent, et ils firent de concert signer, le 29 avril 1851, à madame veuve Vincent, un premier arrêté de compte avec M. Petit, sans représentation de la part de celui-ci d'aucune pièce à l'appui, ce qui ne peut être contesté, car ces pièces ne furent remises par M. Petit qu'après le mariage de M. de Colmont et à M. de Colmont lui-même.

Second mariage de Madame de Colmont.

C'était dans cette voie que les choses marchaient depuis dix-huit mois à la fin de 1851, lorsque le père de madame veuve Vincent, ne pressentant que trop sa fin prochaine, entrevoyant le mauvais état des affaires où sa fille se trouvait engagée, instruit du surplus de prix que M. Louis Vincent avait donné pour acheter sa charge, et de l'abus de confiance que la famille Vincent avait alors commis à son égard, voyant sa fille dans l'impossibilité de défendre ses intérêts au milieu de tant de difficultés, la pressa de se remarier.

Elle épousa en secondes noces, le 27 décembre 1851, M. de Colmont, ancien secrétaire général des finances; le contrat de mariage ne contient aucune disposition par l'un ni par l'autre des deux époux en faveur de son conjoint; de part et d'autre les fortunes pouvaient être considérées comme égales; mais l'une était claire et liquide, l'autre dans la situation que ce mémoire explique.

Quelque temps avant le mariage, mais après qu'il eut été résolu, M. de Colmont se trouva en rapport avec M. Aucoc, notaire à Troyes, qui avait dressé l'inventaire après le décès de son confrère et son ami, M. Vincent; il lui demanda si cet inventaire était exact et pouvait servir de base au compte de tutelle qu'il y aurait à rendre dans la suite à la mineure, Mademoiselle Marie Vincent. M. Aucoc répondit que cet inventaire n'était pas complet; qu'il l'avait commencé avec le concours de M. Amand Vincent et du principal clerc du défunt, qui lui fournissaient les renseignements nécessaires, mais qu'il avait été forcé de l'interrompre pour que l'on pût réunir les pièces et les documents nécessaires pour le terminer, et que les choses en étaient restées-là. Sur cette communication, M. de Colmont pria M. Aucoc de prendre les mesures convenables pour compléter et

(1) Il manque ici le mot : *somme*. (2) Il manque ici les mots : *à fait*

achever cet inventaire. En effet, M. Aucoc, pendant l'absence que fit M. de Colmont quinze jours avant son mariage, fit un supplément d'inventaire au moyen de notes et de renseignements que lui fournirent M. Petit et M. Amand Vincent; mais tous deux lui déclarèrent (dix-huit mois après qu'ils étaient saisis des affaires) qu'il lui serait impossible de rien faire qui eût quelque réalité(1); en effet, le supplément d'inventaire ne contient guère que de doubles emplois et des renseignements inexacts.

M. de Colmont ne tarda pas à demander à M. Amand Vincent de régler son compte avec la succession de feu son frère ; il lui écrivit à différents intervalles plusieurs lettres dans ce but, mais ce fut absolument sans résultat; M. Amand Vincent a toujours éludé de répondre, même d'écrire un seul mot à ce sujet (2).

Liquidation de ses reprises matrimoniales.

Après quinze mois de travail assidu , M. De Colmont avait recouvré sur les frais d'actes 35,307 fr. 90 c., tandis que M. Petit n'avait en dix-huit mois recouvré, avant M. De Colmont, que 16,550 fr. 16 c.; il avait aussi recouvré sur les créances actives de la succession 155,310 fr. 36 c. et au moyen de ces sommes, éteint un passif de 182,709 fr. 80 c.; mais les procès en responsabilité se succédaient : M. Deheurles-Billy, qui avait, en 1851, gagné un procès de ce genre, et fait condamner la succession Vincent à lui payer près de 35,000 fr. venait d'intenter un second procès de la même nature et d'une aussi grande importance; M. De Colmont n'avait que peu de jours avant le jugement, et par une sorte de hasard, trouvé dans les livres de M. Vincent, une annotation qui l'avait mis sur la trace d'une pièce décisive dans cette affaire : il avait gagné le procès en instance, mais la partie adverse avait appelé du jugement et l'arrêt n'est pas encore rendu ; d'autres affaires en responsabilité s'étaient terminées au préjudice de la succession ; d'ailleurs chaque jour amenait la découverte de quelque dette ou quelque difficulté nouvelle.

M. De Colmont paya tout ce qui était réclamé à ce moment-là, à bureau ouvert ; mais lorsqu'il ne se présenta plus aucun créancier, il crut, plus de trois ans après le décès de M. Vincent, qu'il était temps de pourvoir à la conservation de ce qu'il pouvait encore rester de la dot de sa femme et de la fortune à venir de sa belle-fille.

Il assembla donc le conseil de famille de la mineure Marie Vincent, et demanda la nomination d'un tuteur *ad hoc* à l'effet de poursuivre judiciairement contre ce tuteur la liquidation des reprises matrimoniales de Madame De Colmont, et celle de la communauté qui avait existé entre elle et feu M. Vincent, son premier mari.

Le conseil de famille nomma tuteur *ad hoc* M. Léon Boilletot, l'un des plus honorables négociants de Troyes, membre du Conseil général du département et de la Chambre et du Tribunal de commerce de Troyes.

L'instance fut portée devant le Tribunal, qui commit un notaire, M. Aucoc, alors président de la Chambre des notaires, pour faire cette liquidation, et qui l'homologua par un jugement du 24 février 1853.

Par un autre jugement en date du 28 avril 1853, il autorisa la vente, selon les formes judiciaires, des créances actives dépendant de la communauté qui n'avaient pu être recouvrées, parce qu'elles étaient litigieuses, ou d'un recouvrement plus ou moins éloigné, ou sur des débiteurs insolvables. Après trois années de démarches, faites pendant dix-huit mois par M. Petit, sous la direction de M. Amand Vincent, et par M. De Colmont après lui, il était manifeste que les débiteurs qui ne s'étaient pas libérés étaient de ceux dont on obtient difficilement un payement. Les créances sur M. Amand Vincent et sur son père étaient d'ailleurs de beaucoup les plus importantes de celles qu'il y avait lieu de mettre en vente.

Ce sont ces deux jugements rendus contradictoirement entre le tuteur *ad hoc* de Mlle Marie Vincent et Madame de Colmont, sa mère, que M. Amand Vincent attaque par la voie de l'appel en sa qualité de subrogé-tuteur. Nous allons examiner, dans la seconde partie de ce Mémoire, le mérite de ces deux appels.

---

(1) On lui dit qu'il ne ferait que *de la bouillie pour les chats.*   (2) Voir pièce justificative n° 13.

Mais auparavant, qu'il nous soit permis de résumer en peu de mots ce que nous venons de dire.

Résumé.

La situation de Madame De Colmont, à l'égard de la famille Vincent, est pour ceux qui ont parcouru ce Mémoire, la chose la plus claire : elle avait une dot de 250,000 fr. et 80,000 fr. à recueillir un jour de la succession de son père, lorsqu'elle épousa M. Louis Vincent qui venait, sans aucune fortune, d'acheter une charge de notaire à Troyes, sur le prix de laquelle il n'avait rien payé. Ce jeune homme cacha à la famille de sa future, dans son contrat de mariage, le prix auquel il payait cette étude; elle valait 156,000 fr. Il consentit à donner en sus au vendeur 50,000 fr. *de pot de vin* pour entrer de suite en possession, car pour que le mariage eût lieu, la famille de sa femme exigeait qu'il fût notaire : c'était 50,000 fr. dont il grevait d'avance la communauté par une dissimulation blâmable. Son père et son frère, M. Amand Vincent, lui devaient au moment du mariage 51,000 fr., qu'il leur avait avancés avec des fonds dont il avait la disposition, comme principal clerc de l'étude de M. Pezé; il cacha cette circonstance qui eût probablement fait rompre le mariage.

Etabli notaire à Troyes, il n'a jamais pu obtenir de son père, ni de son frère, le règlement de ses comptes avec eux; l'étude qu'il faisait valoir rapportait, brut, environ 30,000 fr. par an; il la dirigea pendant douze années; mais le désordre qui s'y était introduit a amené des pertes d'argent et des non-valeurs qui, avec les 50,000 fr. donnés en pot de vin à son prédécesseur et les sommes prêtées à son père et à son frère, ont absorbé, et au delà, les économies qu'il eût pu faire et qu'il eût faites assurément, sans ces causes de ruine; car sa maison était réglée sur un pied fort modeste.

A sa mort arrivée subitement, sa veuve inhabile aux affaires, comme le sont les femmes, et ne connaissant pas la situation de celles de son mari qu'il lui avait cachée avec soin, plongée d'ailleurs dans une vive douleur, ne put prendre une part personnelle à l'inventaire; ce fut le frère du défunt, M. Amand Vincent, qui en fut chargé à tous les titres de plus proche parent, de subrogé-tuteur, de notaire et même en quelque sorte d'associé aux affaires de l'Étude de Troyes par toutes les opérations que les deux frères avaient faites ensemble. Or, cet inventaire est resté incomplet, faute de renseignements, et M. Amand Vincent n'y a fait porter ni la dette de son père, ni la sienne, ni même celle d'un sieur Cossard, payable en son étude à Romilly, échue depuis sept ans, qui était connue de lui et qui devait échapper à la connaissance des héritiers du défunt.

Il ne s'arrête pas là : il fait signer à la veuve des engagements personnels pour l'acquittement des dettes de son mari, avant que la situation de la communauté entre M. et Madame Vincent, ni celle de la succession de M. Vincent, fussent ni pussent être connues; il va plus loin encore : il fait signer à la veuve un engagement personnel de 8,000 fr. pour une dette qui lui est propre *à lui-même*, sous l'apparence que son frère est intervenu pour faire prêter l'argent.

Quelles sont donc les parties en présence dans ce déplorable procès? une malheureuse femme, trompée dès le jour de son mariage, et spoliée à la mort de son mari; une orpheline dont la fortune à venir proviendra, pour la très majeure partie, de l'héritage de sa mère, et qu'on s'est ainsi efforcé de dépouiller avec elle; et de l'autre côté, le notaire qui a fait les actions que nous avons été forcés de faire connaître.

Voilà ce que nous avons pu découvrir dans le désordre où l'on a mis les papiers de la succession; nous n'avons rien dit dont nous n'ayons la preuve; chacun comprendra que nous ne sachions pas tout et que nous n'ayons dû dire que ce qui se rapportait étroitement au procès que nous soutenons.

———————

SECONDE PARTIE.

—

Nous ne ferons plus aucune réflexion sur la conduite ni sur la moralité de l'une ni de l'autre des deux personnes engagées dans ce triste procès : les faits que nous avons exposés dans la première partie de ce mémoire ont suffisamment fait connaître à qui, de M. Amand Vincent ou de Madame de Colmont, les juges et tous les honnêtes gens doivent leur intérêt et leur appui. Nous nous bornerons maintenant à discuter les motifs des deux appels formés par M. Amand Vincent, en qualité de subrogé-tuteur, contre les deux jugements du tribunal de Troyes, rendus contradictoirement entre Madame de Colmont et M. Léon Boilletot, tuteur *ad hoc* de la mineure Marie Vincent.

Le premier, en date du 24 février 1853, qui homologue la liquidation, faite par M. Aucoc, notaire commis à cet effet, de la communauté ayant existé entre feu M. Vincent et Madame de Colmont, son épouse en premières noces, et la liquidation des reprises matrimoniales de Madame de Colmont (1).

Le second, en date du 28 avril 1853, qui ordonne la vente, selon les formes judiciaires, des créances actives dépendant de ladite communauté (2).

Moyen préjudiciel.

Mais avant de discuter les motifs de ces appels, nous devons présenter une grave question préjudicielle, à savoir si M. Amand Vincent, en qualité de subrogé-tuteur, est apte à former appel des jugements rendus contradictoirement entre Madame de Colmont et M. Boilletot, tuteur *ad hoc*, nommé par le conseil de famille, pour débattre, dans l'intérêt de la mineure Marie Vincent, la liquidation qui a été faite par le notaire commis par le tribunal.

Le subrogé-tuteur n'a pas qualité pour appeler, contre l'avis et la volonté du tuteur ad hoc, des jugements rendus contre le mineur.

Les fonctions de tuteur et celles de subrogé-tuteur sont parfaitement définies par la loi ; le tuteur est responsable des actes de sa tutelle, et des dommages et intérêts qui pourraient résulter d'une mauvaise gestion (art. 450). Le subrogé-tuteur n'est pas responsable ; il n'a, de même que le conseil de famille, qu'une action de surveillance et de contrôle pour les intérêts du mineur, *lorsqu'ils sont en opposition avec ceux du tuteur* (art. 420) ; la conséquence de cette action peut être la demande au conseil de famille de la destitution du tuteur (art. 446), s'il malverse, s'il est incapable, ou d'une inconduite notoire ; ou bien la nomination d'un tuteur *ad hoc*, pour le cas où les intérêts du tuteur et ceux du mineur se trouveraient en opposition. Ces dispositions sont parfaitement efficaces pour garantir complétement les intérêts du mineur. Elles préviennent toute infidélité de la part du tuteur, elles garantissent le mineur des conséquences que pourraient avoir pour lui l'inconduite ou l'incapacité du tuteur ; enfin elles assurent de la part de celui-ci une action désintéressée. D'un côté la loi a voulu que le tuteur fût fidèle, capable, d'une bonne conduite, et sans aucun intérêt en opposition avec celui du mineur, ce qui devait produire une bonne administration ; de l'autre, elle a institué le subrogé-tuteur pour provoquer la destitution du tuteur s'il ne réunit pas les trois qualités qu'elle exige de lui, et pour le faire remplacer momentanément par un tuteur *ad hoc*, dans le cas où il aurait un intérêt en opposition avec ceux du mineur. La loi a placé dans une main l'administration et la responsabilité, dans une autre la surveillance ; et le législateur a si bien entendu que ces deux facultés ne doivent jamais se confondre, qu'il n'a pas permis que

(1) Pièce justificative n° 1.(2) Pièce justificative n° 2.

3

le subrogé-tuteur remplaçât de plein droit le tuteur, lorsque la tutelle deviendrait vacante (art. 424). Cette doctrine a été consacrée fort explicitement par un arrêt de la Cour de Riom du 25 avril 1809 : « En vain on alléguerait que le conseil de famille a droit de « surveiller les opérations et d'interposer son autorité pour prévenir des actes qui pour« raient nuire aux mineurs ; mais d'abord le droit de surveiller, qui n'est, par sa nature, « que le droit d'observer ou d'examiner, ne peut pas être confondu avec le droit d'em« pêcher des actes ou de s'y opposer. Et, en second lieu, la jurisprudence n'a ouvert au « conseil de famille qu'une voie pour prévenir les actes d'une mauvaise administration « de la part du tuteur, la voie de sa destitution dans les cas prévus par la loi, dans ceux « où elle préjuge que l'administration des biens du mineur doit ou peut être enlevée au « tuteur. Le conseil de famille ne peut donc que surveiller l'emploi des capitaux, et que « destituer le tuteur en cas de malversation ou d'incapacité (1). »

Or l'appel d'un jugement est un acte d'administration fort grave, et au cas présent, l'appel formé par M. A. Vincent a eu des conséquences désastreuses : Madame de Colmont, au risque de ses propres intérêts, avait, au fur et à mesure que les créanciers de la succession Vincent se présentaient, réglé leurs comptes, et leur en avait fait immédiatement payer le solde, au moyen des recouvrements opérés sur la portion active de la communauté entre elle et son mari, ou de ses fonds propres ; mais lorsque toute la portion de cet actif qu'il était possible de recouvrer l'a été, après trois ans de travail et de diligences contre les débiteurs, et lorsqu'il n'est plus resté que des créances litigieuses ou mal établies, ou sur des personnes plus ou moins insolvables, il devenait nécessaire de vendre ces créances, dans la valeur desquelles on ne pouvait espérer de rentrer qu'après de longs délais, afin d'avoir des fonds disponibles pour achever, jusqu'à concurrence de ces fonds, de satisfaire les créanciers de feu M. Vincent. Cette opération achevée, Madame de Colmont eût pu juger du sacrifice qu'elle avait à faire pour combler le déficit de la succession de feu son premier mari, et elle eût pu prendre une détermination. L'appel interjeté par le subrogé-tuteur, en empêchant la réalisation de la valeur de l'actif litigieux de la communauté, a inquiété les créanciers de M. Vincent ; ils ont poursuivi en justice la liquidation de leurs créances, et ont ajouté des frais considérables au capital de ces créances.

Ces frais s'élèvent déjà, pour ceux que l'on connaît, à 2,970 fr.

Mais si le fait d'interjeter appel d'un jugement est un véritable acte d'administration, comment pourrait-il être dans les attributions du subrogé-tuteur, qui, ainsi que nous l'avons établi, n'a qu'un droit de surveillance ? On se fonde, pour le prétendre, sur l'art. 444 du Code de procédure, qui, pour faire courir le délai d'appel contre le mineur, *ordonne la signification du jugement tant au tuteur qu'au subrogé-tuteur, encore que ce dernier n'ait pas été mis en cause;* et l'on ajoute que l'orateur du gouvernement expliquait ainsi l'art. « 444 : « Le subrogé-tuteur sera, comme le tuteur lui-même, responsable, s'ils laissent « passer le délai de trois mois, depuis la signification, sans avoir pris les mesures pres« crites par la loi, pour savoir si l'appel doit être interjeté, et sans l'avoir interjeté. »

L'article 444 du Code de procédure est parfaitement conséquent aux dispositions du Code civil sur les fonctions du subrogé-tuteur ; seulement l'orateur du gouvernement dont, après le vote de la loi, les paroles ne sont plus qu'une opinion très respectable sans doute, mais individuelle, nous paraît avoir un moment perdu de vue les principes de la loi. Non, il n'est pas vrai que le subrogé-tuteur puisse devenir responsable, concurremment avec le tuteur, du préjudice résultant pour le mineur de ce que l'appel d'un jugement n'aurait pas été interjeté, dans le cas *où le tuteur n'aurait pas dans ce jugement un intérêt opposé à ceux du mineur;* mais si, dans ce jugement, le tuteur avait un intérêt opposé au mineur, comme il serait possible qu'il n'interjetât pas appel, il faut bien que le jugement soit signifié au subrogé-tuteur, afin qu'il examine s'il y a, au jugement, un intérêt du mineur en opposition à celui du tuteur. S'il juge qu'il en est ainsi, il doit provoquer la

---

(1) Ce que prononce l'arrêt e la cour de Riom en ce qui touche le conseil de famille est encore plus fondé en ce qui touche le subrogé-tuteur.

réunion du conseil de famille qui peut destituer le tuteur et en nommer un nouveau qui interjette appel. Il est clair que si le subrogé-tuteur n'agit pas comme nous venons de le dire, par connivence avec le tuteur, il devient responsable avec lui, et c'est ce qu'a, sans doute, voulu dire l'orateur du gouvernement, et même c'est ce qu'il a dit, mais d'une manière trop peu explicite.

L'art. 444 du Code de procédure ne répugne donc en aucune façon à la division des fonctions du tuteur et de celles du subrogé-tuteur, telles que les ont établies les art. 450 et 420 du Code civil. Cet art. 444 ouvre au contraire un des moyens d'exécution de l'art. 420 ; comment en effet le subrogé-tuteur aurait-il exercé sa surveillance sur les actes du tuteur, dans les cas où il aurait existé entre le mineur et lui des intérêts opposés, s'il n'avait pas eu connaissance des jugements qui auraient réglé ces intérêts? L'art. 444 a pour but de saisir le subrogé-tuteur de la connaissance de ces jugements, et de lui donner ainsi la possibilité de pousser l'exercice de son contrôle jusqu'à sa dernière conséquence, à savoir la demande au conseil de famille de la destitution du tuteur.

Si l'on voulait conclure indirectement de l'art. 444 que le subrogé-tuteur a le droit personnel d'appeler des jugements rendus contre le mineur, la conséquence serait que la responsabilité de ces appels qui pourraient souvent, comme au cas présent, porter de graves préjudices au mineur, serait donc partagée entre le tuteur et le subrogé-tuteur : il arriverait que le tuteur voudrait ne pas appeler et trouverait utile au mineur d'exécuter le jugement, tandis que le subrogé tuteur voudrait appeler. Qui serait juge de ce conflit? les tribunaux sans doute, et c'est ce qui arrive ici, mais au grand détriment des mineurs, dont les intérêts souffriraient de ces délais et de ces contestations, qui n'ajouteraient rien aux garanties que la loi leur donne, ni au recours qu'ils ont droit d'exercer contre leurs tuteurs, toujours responsables des dommages et intérêts qui peuvent résulter d'une mauvaise administration.

Enfin si le subrogé-tuteur avait le droit de faire des actes d'administration et notamment d'appeler des jugements, il faudrait nommer un subrogé-tuteur *ad hoc*, dans le cas où le subrogé-tuteur aurait intérêt à ce que l'appel eût lieu, tandis que le mineur aurait l'intérêt opposé. Ainsi, dans cette affaire, M. A. Vincent devrait être remplacé par un subrogé-tuteur *ad hoc*, puisqu'il s'agit, dans l'un des deux jugements dont est appel, de vendre judiciairement une créance sur lui-même.

M. Carré, dans son Traité des Lois de la Procédure civile, pose (art. 1592) la question de savoir quelles sont les obligations imposées au subrogé-tuteur, par suite de la signification du jugement? et il répond « qu'il n'est pas douteux, ainsi que l'a décidé la « cour de Limoges par arrêt du 30 avril 1810, que le subrogé-tuteur ne peut interjeter « appel du jugement qui lui est signifié. Ses fonctions sont limitées par les art. 420 et « suivants du Code civil, et ne peuvent être étendues à des cas autres que ceux prévus « par ces articles. »

La cour de Riom, par un arrêt du 19 janvier 1837, a prononcé dans le même sens.

« Attendu que, aux termes de l'art. 450 C. civ., le tuteur seul a le droit d'administrer « les biens du mineur et de le représenter dans tous les actes civils; »

« Que, suivant l'art. 420 du même code, les fonctions du subrogé-tuteur consistent « à agir pour les intérêts du mineur, lorsqu'ils sont en opposition avec ceux du tuteur; »

« Attendu que l'art. 444 C. Proc. dispose que les délais de l'appel ne courent, contre « le mineur non émancipé, que du jour où le jugement a été signifié tant au tuteur qu'au « subrogé-tuteur, encore que ce dernier ne soit pas en cause ; »

« Que cet article ne fait que suspendre le cours du délai de l'appel, n'abroge pas « l'art. 450 C. civ., et n'ajoute point aux pouvoirs du subrogé-tuteur plus de droits que « ne lui en donne l'art. 420;

« Que la signification du jugement précité, faite au subrogé-tuteur, ne lui conférait pas « le droit d'interjeter appel, et ne l'aurait, tout au plus, autorisé qu'à citer la tutrice, et

« le conseil de famille du mineur à permettre d'exercer la faculté de l'appel dont le délai
« n'avait pas définitivement couru ; » etc., etc.

Ainsi donc, au tuteur appartient l'administration des biens du mineur et le droit de le
représenter dans tous les actes civils.

Au subrogé-tuteur la fonction d'agir pour les intérêts du mineur, lorsqu'ils sont en
opposition avec ceux du tuteur.

Et l'art. 444, Proc. civ., n'ajoute rien au droit du subrogé-tuteur.

Or, que s'est-il passé dans les deux instances réglées par les jugements dont est appel?

Il s'agissait de liquider la communauté qui avait existé entre feu M. Vincent et sa
femme et les reprises matrimoniales de celle-ci, et de vendre, selon les formes judiciaires, les créances litigieuses, irrécouvrables, incertaines, provenant de la communauté.

Mme de Colmont, tutrice de Mlle Marie Vincent, sa fille, ayant dans ces circonstances
des intérêts qui pouvaient paraître opposés à ceux de sa fille, il fut nommé par le conseil
de famille un tuteur *ad hoc*, M. Léon Boilletot, membre du conseil général de l'Aube,
de la chambre et du tribunal de commerce de Troyes, pour représenter la mineure dans
les deux instances dont est question.

Le tribunal de Troyes commit M. Aucoc, alors président de la chambre des notaires
de Troyes, pour procéder à cette liquidation ; M. Léon Boilletot y intervint, ainsi que
Mme veuve Vincent, épouse en seconde noces de M. de Colmont ; et le 24 février 1853,
jugement contradictoire entre M. Boilletot, tuteur *ad hoc*, et Mme de Colmont, qui homologue la liquidation faite par le notaire commis à cet effet.

Le 28 avril 1853, le tribunal rend un autre jugement, également contradictoire entre
M. Léon Boilletot et Madame de Colmont, qui autorise la vente des créances douteuses,
litigieuses et irrecouvrables dépendant de la succession.

Le 6 juin 1853, sans avoir pris part à la liquidation, sans avoir été partie aux deux
instances terminées par les jugements précités, sans autorisation du conseil de famille, car ce n'est que postérieurement à l'acte d'appel que le subrogé-tuteur a obtenu
cette autorisation, et même, pour le jugement du 24 février, ce n'est qu'après le délai de
trois mois, après la signification de ce jugement, M. Amand Vincent interjette appel des
deux jugements dont est question.

Mais quel intérêt en opposition avec celui de la mineure avait dans ces deux jugements
M. Léon Boilletot, tuteur *ad hoc*? Aucun, d'aucune espèce. Et, en effet, le subrogé-tuteur
lui-même n'articule rien de pareil.

Par quels motifs le subrogé-tuteur s'arroge-t-il la fonction déférée par la loi au tuteur
nommé *ad hoc* par le conseil de famille, quand ce tuteur *ad hoc* lui signifie, par acte extra-
judiciaire, qu'il entend exécuter ces jugements?

Si M. Amand Vincent avait, après la signification qui lui a été faite des jugements par
lui attaqués, reconnu dans M. Léon Boilletot une cause de destitution, ou s'il avait décou-
vert qu'il eût un intérêt opposé à celui de la mineure dans les deux instances terminées
par les jugements qu'il attaque, il pouvait provoquer la réunion du conseil de famille et y
demander la destitution de M. Léon Boilletot ; mais il ne pouvait faire ni plus, ni autrement.

Ce qu'il pouvait tenter aux termes de la loi, et qui eût échoué devant le conseil de famille et devant le tribunal de Troyes, parce qu'il n'y a pas l'ombre d'un motif à une pareille décision, il s'est bien gardé de l'entreprendre. Il a formé son acte d'appel de lui-
même, sans autorisation aucune, contrairement à la loi ; puis il a obtenu d'un conseil de
famille, composé de membres nouveaux, étrangers à la famille, ou de membres intéressés
à ce que l'appel eut lieu (1) et hors de la présence de M. Léon Boilletot, l'autorisation de
donner suite à son acte d'appel.

<hr>

(1) Voir pièce justificative n° 12, la lettre de M. Aucoc à M. Amand Vincent et la réponse de celui-ci.

Ce que jamais le conseil de famille, même composé comme il l'était, n'eût consenti à faire dans les termes de la légalité, on l'a obtenu de lui comme sanction d'un fait accompli.

Il est évident, sans entrer davantage dans la discussion de la décision du conseil de famille, que M. A. Vincent, subrogé-tuteur, n'avait pas qualité pour former ces appels, et qu'ils sont nuls par défaut de qualité de celui qui les a intentés.

Madame de Colmont demande en conséquence que M. Amand Vincent soit déclaré non recevable dans ces appels, et que les jugements des 24 février et 28 avril 1853, reçoivent leur pleine et entière exécution.

M. et Madame de Colmont, en présentant ce moyen préjudiciel, parce qu'il a pour la succession bénéficiaire, ou plutôt pour les créanciers de la communauté et de la succession Vincent, l'avantage d'éviter des frais et des retards ruineux, ont cependant à cœur de montrer, d'une part, que la mineure Marie Vincent n'a aucun intérêt à ce que la liquidation des reprises matrimoniales de sa mère soit réformée, et, au contraire, qu'elle a un intérêt direct à ce qu'elle soit maintenue; et d'autre part, que les griefs soulevés par M. Amand Vincent, subrogé-tuteur, ne soutiennent pas un moment d'examen, tant ils sont dénués de fondement et présentés sur de faux exposés.

N'est-ce pas une action bien coupable, que celle d'un oncle, d'un subrogé-tuteur, notaire, homme expérimenté dans la pratique des affaires, qui, débiteur de la succession du père de sa pupille et cohéritier avec elle des successions de ses père et mère à lui-même, suscite à la mère et tutrice de la mineure, sur des exposés faux, un procès lointain et difficile, pour se faciliter les moyens de régler plus profitablement pour lui les intérêts qu'il a en opposition à ceux de sa pupille?

C'est, comme on l'a vu dans la première partie de ce mémoire, et comme on va le voir encore, la conduite de M. Amand Vincent dans ces déloyales affaires.

Dans tous les cas, la mineure Marie Vincent n'a aucun intérêt à la réformation de la liquidation des reprises matrimoniales de sa mère.

Nous disions, en supposant pour un moment, ce qui n'est pas, que la liquidation des reprises de Madame de Colmont soit susceptible d'être réformée, que la mineure Marie Vincent n'aurait aucun intérêt à ce qu'elle le fut; au contraire, qu'elle a un intérêt direct à ce que les frais et les lenteurs des procès ne réduisent point la fortune de sa mère.

Et, en effet, si l'on suppose que la réformation de la liquidation des reprises matrimoniales de sa mère doive en réduire le chiffre, et nous verrons tout à l'heure qu'il n'en est rien, absolument rien, ce ne serait pas à la mineure que profiterait, comme héritière, la portion d'actif de la communauté qui se formerait ainsi; cet actif servirait à payer Madame de Colmont à qui il reste dû sur ses reprises, après les abandonnements que lui a faits la liquidation, un solde de 23,302 fr. 29 cent., et ensuite à payer 50 à 60,000 fr. de dettes pour lesquelles les créanciers ont obtenu ou poursuivent des condamnations, depuis que les deux appels interjetés par M. Amand Vincent ont achevé de porter le trouble dans les affaires de feu M. son frère.

Pour payer ces 73,000 à 83,000 fr. de dettes et les frais auxquels elles ont donné lieu, suffira-t-il du prix des créances litigieuses, des créances sur MM. Vincent père et Vincent de Romilly et des restitutions auxquelles le maître clerc de feu M. Vincent, pourra être condamné? Certainement non; il ne pourra donc rien revenir à l'héritière bénéficiaire par suite de la réduction, impossible d'ailleurs, du chiffre des reprises de sa mère.

Elle a, au contraire, l'intérêt opposé.

Et d'un autre côté, non-seulement l'héritage de la mère est la fortune future de la fille; mais encore moins cette fortune sera altérée par des dépenses de procédure, plus il sera facile à la mère ou, dans la suite, à sa fille de satisfaire les créanciers de feu M. Vincent de leurs propres deniers, ainsi que Madame de Colmont s'est jusqu'à présent efforcée de le faire au risque de ses intérêts.

Il n'y a donc aucun intérêt pécuniaire, ni aucun intérêt moral pour la mineure dans les appels interjetés ; il n'y a d'autre intérêt que celui de M. Amand Vincent lui-même ; c'est pour lui le moyen de retarder le plus possible le payement de sa dette, et de tirer le meilleur parti de sa position de cohéritier avec sa pupille de la succession de son père.

Il ne nous reste plus qu'à examiner successivement les motifs des deux appels de M. Amand Vincent.

APPEL DU JUGEMENT D'HOMOLOGATION DE LA LIQUIDATION.

L'acte d'appel s'exprime ainsi (1) :

« A l'égard du jugement du 24 février 1853.

« § 1er. Attendu que le requérant, en qualité de subrogé-tuteur de la mineure Vin-« cent, a droit d'interjeter appel dudit jugement et d'intervenir dans l'instance de liqui-« dation, etc. »

Cette prétention, contenue dans le 1er § et les suivants, est contraire à la loi, comme on l'a vu dans ce qui précède (voir pages 17 et suiv.); mais elle est présentée avec une assurance qui a imposé à ceux des membres du conseil de famille qui étaient désintéressés dans l'affaire.

Etat des recouvrements opérés sur l'actif des communauté et succession Vincent.

« § 5. Attendu que diverses créances actives, résultant des titres et pièces trouvés « après le décès de M. Vincent, ont été inventoriées, mais qu'il n'a nullement été « question des recouvrements, cependant très considérables, dépendant de la succession « pour frais d'actes et autres.»

« § 6. Que, si à l'époque où cet inventaire a été dressé, on n'avait pu encore établir le « compte de chacun des débiteurs et l'état général de ces recouvrements, il a été possible « de le faire depuis, et qu'il était l'un des éléments indispensables de la liquidation.

« § 7. Qu'il ne peut être suppléé à ce compte des créances actives par les états de re-« cettes et de dépenses produits par la dame de Colmont et annexés à la liquidation.

« § 8. Que ces états ne présentent pas la situation active de la succession et confondent « d'une manière inextricable cette situation avec les affaires particulières des clients de « l'Étude. »

Il est difficile d'imaginer comment M. Amand Vincent a osé présenter les observations qui précèdent. C'est lui qui a fait faire, sous sa direction, l'inventaire commencé le 6 août 1850, et suspendu par le notaire qui y procédait le 3 novembre suivant, parce que les renseignements pour le continuer ne lui étaient pas fournis.

Il est constaté, audit jour, par l'inventaire même que, non-seulement les deniers comptants s'élevant à 33,547 fr. 75 c. ont été laissés dans la caisse par Madame Vincent pour les besoins de l'Etude, (tandis qu'ils lui appartenaient légalement, pour la couvrir de ses reprises); mais que les registres d'Etude ont été laissés aussi entre les mains de M. Petit, notaire, successeur de M. Vincent, et qu'il n'y a pas eu, pour le notaire faisant l'inventaire, possibilité d'en faire le dépouillement, ni de les coter et parapher.

---

(1) Pièce justificative n° 1.

Les frais d'actes à recouvrer n'ont, par cette raison, été portés dans l'inventaire que par évacuation ; on les y a fait figurer pour 75,000 fr.

Lorsque, sur la demande de M. de Colmont, on a voulu compléter l'inventaire, à la date du 18 décembre 1851, (le second mariage a eu lieu le 27 du même mois), on n'a plus reparlé du montant des frais d'actes à recouvrer ; mais le notaire a coté et paraphé les registres qui constatent ces frais d'actes. Ce sont quatre très gros volumes contenant 22 à 23,000 articles.

Or M. Amand Vincent a-t-il eu le temps, assisté de M. Petit, depuis le 6 août 1850 jusqu'au 27 décembre 1851, de faire le dépouillement de ces registres? Certainement : Pourquoi donc ne l'ont-ils pas fait?

M. Petit a recouvré sur ces frais d'actes, du commencement d'août 1850 à la fin de 1851 (en 17 mois), ... 16,550 fr. 16 c.

Indépendamment des sommes qu'il a reçues pour même cause, des clients de l'Etude avec qui M. Vincent était en compte : dans ce cas, les frais d'actes ont été compris dans les comptes, ci . . .   Mémoire.

M. de Colmont, agissant seulement après M. Petit, a recouvré du 12 janvier 1852 au 15 février 1853 (en 13 mois) sur ces mêmes frais d'actes, ... 35,307   90

Indépendamment aussi des frais d'actes compris dans les comptes, ci . . . .   Mémoire.

Total   51,858   06

Du 15 février 1853, date de la liquidation, au 28 avril suivant, date du jugement qui a ordonné la vente des créances composant le restant de l'actif de la communauté, M. de Colmont a encore recouvré sur frais d'actes, une somme d'environ 3,000 fr. et, depuis le 28 avril jusqu'à ce jour, environ 6 à 700 fr.   ci   Mémoire.

Les recouvrements des frais d'actes concordent donc avec les prévisions de l'inventaire : mais quant à dresser l'état de ces frais restant dus aujourd'hui, état que réclame M. Amand Vincent, subrogé-tuteur, il sait bien que cela est impossible, parce que le désordre de l'Etude et l'état d'insolvabilité ou même la disparition d'une partie des anciens débiteurs s'y opposent.

M. de Colmont a tenté de faire cet état, et c'est son travail qui a servi de base aux recouvrements ; mais lorsqu'il a réclamé le payement des frais d'actes qui, selon les registres compulsés et rapprochés entre eux, semblaient dus à M. Vincent, il s'est trouvé, ou que ces frais d'actes avaient été payés en compte et qu'on n'en avait pas fait écriture, ou que les prétendus débiteurs rapportaient des quittances du maître-clerc qui n'avait pas porté en recette les sommes ainsi recouvrées, ou que pour un grand nombre de petits articles, les débiteurs ne faisaient aucune réponse aux lettres qu'on leur écrivait. Entamer des poursuites contre 4 à 500 débiteurs prétendus pour des frais d'actes de peu d'importance et souvent dans des cas où c'était la négligence du notaire (celle de son maître-clerc) qui avait été cause du non payement des frais, par exemple les frais de main levée quand les deniers de remboursement avaient passé par ses mains, c'était ruiner l'actif de la communauté, pour ainsi dire, à plaisir.

Ce que M. Amand Vincent n'a pas fait, et c'était son devoir de subrogé-tuteur de le faire, ce que n'a pas fait non plus M. Petit, qui y était obligé, au moins dans une certaine mesure par son contrat d'acquisition de l'Etude, M. de Colmont l'a fait autant que cela était possible dans l'état où se sont trouvées les écritures; il a retiré de ce travail le moyen de recouvrer près de 40,000 fr. de frais d'actes, en moins de temps que M. Petit n'en avait mis à recouvrer seulement 16,500 fr., et longtemps après lui, par conséquent sur une portion de recouvrements beaucoup plus arriérée.

Quant à fournir un état des frais d'actes qui restent dûs, cela est absolument impossible : selon les registres, il y aurait encore beaucoup de débiteurs, mais les registres sont erronés ; pour toute somme de quelque importance, M. de Colmont a fait ou fait faire par un huissier toutes les diligences possibles ; les uns ont justifié par des quittances qu'ils ne devaient pas, les autres sont absolument insolvables : pour les nombreux débiteurs de petites sommes, qui ne font aucune réponse aux lettres qu'on leur a écrites, il faudrait en venir à des poursuites dont les frais dépasseraient la valeur du recouvrement possible.

Quant aux comptes avec des clients de l'Etude, il n'en reste aucun présentant un actif en faveur de M. Vincent, qui n'ait été établi autant qu'on a pu le faire ; tous sont aujourd'hui réglés, à l'exception de ceux dont les débiteurs sont en déconfiture ou contestent les résultats des comptes qui ne sont justifiés par aucune pièce.

Ainsi, dans l'inventaire, on a porté qu'un sieur Lefèvre, de Saint-Pouange, devait à la succession 5,100 fr. : ce M. Lefèvre est un cultivateur peu fortuné à qui l'on n'a jamais pu prêter 5,000 fr., contre lequel on n'a aucun titre et qui affirme, ce qui paraît évident, qu'il ne doit rien à feu M. Vincent ; depuis on a reconnu que cet article était une erreur matérielle.

On a porté que M. Gallimard devait 5,081 fr., et la succession de M. Houssier 1,800 fr. M. Gallimard et les héritiers de M. Houssier plaident contre la succession Vincent pour établir que ce sont eux qui sont créanciers ; le fait paraît certain pour M. Houssier, et la somme de 5,081 fr. sera réduite de beaucoup pour l'autre.

On a porté que tel devait 600 fr., il n'y a aucune pièce qui le prouve ; que M. Léonard, de Tonnerre, devait 1,300 fr., le fait est inexact ; M. Léonard est d'ailleurs absolument insolvable ; que MM. Mayer, Massé, Moret Haristeguy devaient 800 fr., 600 fr., 700 fr.; ce sont de doubles emplois, faits le 18 décembre 1851, de créances déjà inventoriées le 3 décembre 1850.

Dans ce dédale d'erreurs, où il était impossible qu'une femme pût pénétrer, encore moins porter la lumière, et où il semble que chacun se soit plu à apporter sa part de désordre, il est absolument impossible de dresser un décompte exact et régulier de ce qui peut être dû par chacun.

Après toutes les diligences qui ont été faites, et dans l'état où sont aujourd'hui les choses, il ne reste qu'un moyen de tirer quelque parti de ce qui peut être encore dû, c'est de mettre en vente les créances incertaines ou litigieuses, et c'est ce qu'a ordonné le jugement du 28 avril.

Préciput attribué au survivant par le contrat de mariage de M. et Madame de Colmont.

« § 9. Attendu, en second lieu, que le notaire liquidateur a compris, à tort, dans les « reprises de Madame de Colmont, veuve Vincent, la somme de cinq mille francs pour la « valeur des effets mobiliers corporels faisant le 1er article de son contrat de mariage.

« § 10. Que cette valeur lui a déjà été précomptée en omettant de représenter ces « objets lors de l'inventaire. »

Il y a ici une erreur de fait de la part de M. Amand Vincent, et une fausse interprétation du contrat de mariage de M. et Madame Vincent.

Ce contrat énumère d'abord les apports de Madame de Colmont ; il y fait figurer pour 5,000 fr. la valeur des habits, linge et hardes à son usage, meubles meublants, effets mobiliers, linge de ménage, argenterie, bijoux, piano et voiture ; et cette estimation était trop faible, car les meubles dont est question provenaient de sa part, prise en nature, dans les successions de son grand-père et de sa grand'mère.

Quant aux habits, linge, bijoux, hardes à son usage qui n'ont pas été inventoriés, et qui ne sont pas des meubles meublants, des effets mobiliers, linge de ménage, argenterie, piano et voiture, lesquels au contraire ont été prisés, ils n'ont pas été compris dans l'inventaire aux termes d'une disposition spéciale du contrat de mariage, d'après laquelle il a été stipulé au profit de l'époux survivant un préciput composé des habits, linge, hardes, bijoux à son usage, sans prisée ni estimation, (et la liquidation reproduit cet article du contrat), ou bien une somme de 6,000 fr., en la valeur d'effets mobiliers, suivant prisée d'inventaire, deniers comptants ou créances, le tout au choix du survivant.

Madame de Colmont, sans du reste qu'elle ait fait personnellement aucune option, n'a pas fait inventorier ses habits, hardes et bijoux, d'une valeur certainement inférieure à 6,000 fr : elle a ainsi tacitement opté pour recevoir son préciput en effets à son usage; sa fille, héritière bénéficiaire de son père, pourra prétendre dans la suite que sa mère doit, aux termes de l'art. 844 du Code civil, rapporter la portion dont ce préciput pourra excéder la portion disponible dans la succession de son père; c'est ce qu'il faudra examiner alors; mais ce n'est pas encore le moment d'ouvrir cette action; il faut attendre auparavant que la succession de son père soit définitivement liquidée par la vente des créances litigieuses ou douteuses qui en dépendent, et par le recouvrement de ce que la succession de son grand-père et de ce que son oncle, M. Amand Vincent, doivent à cette succession.

Il est évident que, quant à présent, ce n'est pas un intérêt réel de la mineure que défend M. Amand Vincent, et qu'il n'était pas possible d'agir autrement qu'on n'a fait dans la liquidation et qu'il n'avait fait lui-même dans l'inventaire,

Solde du compte de tutelle rendu par son père à Madame veuve Vincent s'élevant à 20,741 fr. 88 c., touchés par M. Vincent.

« § 11. Attendu, en troisième lieu, que le notaire liquidateur a admis au nombre des
« reprises de Madame de Colmont une somme de 20,741 fr. 88 cent., faisant le solde
« de celle de 74,417 fr. 18 cent., montant du compte de tutelle de M. Perrot à Madame
« Vincent, sa fille.

« § 12. Qu'il est énoncé en ladite liquidation que cette somme aurait été touchée, de-
« puis ledit compte, par le feu M. Vincent, mais que rien ne justifie cette allégation, et
« qu'il n'a été communiqué au requérant aucune pièce à l'appui. »

Mais d'abord, le requérant, M. Amand Vincent, n'a pas été partie à la liquidation, c'est le tuteur *ad hoc* qui l'a discutée et qui s'est fait représenter les pièces justificatives. En second lieu, le subrogé-tuteur sait fort bien que l'arrêté du compte de tutelle rendu par M. Perrot à sa fille, reçu par M. Vauthier, notaire, est en date du 23 octobre 1837, que M. Perrot y obtient un délai d'une année pour en payer le solde, s'élevant à 20,741 fr. 88 cent.; il sait parfaitement aussi que le contrat de mariage de feu M. Vincent, son frère, est en date du 25 octobre 1837. Or il est évident que M. Perrot n'a pas payé les 20,741 fr. à sa fille, le 24 octobre, quand le 23 il demandait un terme d'un an pour payer, et quand elle se mariait le 25. Madame de Colmont ne représente pas les quittances que M. Vincent, son mari, a probablement dû donner à son père, et c'est sans doute parce qu'on sait qu'elle ne les a pas à sa disposition, qu'on lui conteste le payement fait par son père à son mari. Mais ces quittances sont suppléées par une pièce irrécusable, inventoriée après le décès de M. Vincent, en présence du subrogé-tuteur.

Cette pièce est un petit registre, ainsi désigné en l'inventaire, *pièce première de la cote 24°, sur lequel le défunt prenait des notes relatives à ses affaires personnelles.* Ce registre est paginé de la page première à la page 280 et dernière de la main du défunt; on y lit ce qui suit à la page 37. Cette page, comme tout ce qui est écrit sur ce registre, est en entier de la main de feu M. Vincent.

« P. 37 :

« M. Perrot-Deheurles, propriétaire à Troyes,

« Reliquat du compte de tutelle de ma femme arrêté devant Me Vauthier, notaire à « Troyes, le 23 octobre 1837 . . . . 20,741 fr. 88 c.

« Int. du 23 octobre 1837 au 2 novembre (9 j.) 25 92

« Total. 20,767 80

« Ledit jour, 2 novembre, reçu . . . 500 fr. . . . 500 »

« Reste. 20,267 80

« Int. au 12 décembre (1 m. 10 jours). 112 58

« Total. 20,380 38

« Ledit jour, 12 décembre, reçu . . . 2,000 fr. . . . 2,000 »

« Reste. 18,380 38

« Int. au 17 dudit (5 j.) 12 76

« Total. 18,393 14

« Ledit jour, 17 décembre, reçu. . . . 4,000 fr. . . . 4,000 »

« Reste. 14,393 14

« Int. au 19 dudit (2 j.) . . . . 4 »

« Total. 14,397 14

« Ledit jour, 19 décembre, reçu. . . . 1,000 fr. . . . 1,000 »

« Reste. 13,397 14

« Int. au 20 janvier 1838 (31 j.). 57 66

« Total. 13,454 80

« Ledit jour, 20 janvier, reçu . . . . 742 fr. . . . 742 »

« Reste. 12,712 80

« Int. au 24 dudit (4 j) 7 04

« Total. 12,719 84

« Ledit jour, 24 janvier, reçu . . . . 1,000 fr. . . . 1,000 »

« Reste. 11,719 84

« Int. au 5 mars 1838 (1 m. 10 j.) 65 09

« Total. 11,784 93

« Ledit jour, 5 mars, reçu . . . . . 8,500 fr . . . 8,500 »

« Reste. 3,284 93

« Int. au 28 mars (23 j.) 10 17

« Total 3,295 10

« Le 28 mars 1838, reçu . . . . . . 3,295 10 Égalité

Total reçu. . . , 21,037 10

Il est évident que M. Amand Vincent n'a pas lu, au moment de l'inventaire, le registre que Madame de Colmont représente, ou au moins la page 37 de ce registre ; mais aujourd'hui qu'il le connaît, comment persiste-t-il dans sa contestation ? C'est qu'au fond, le résultat du procès ne lui importe guère, il a voulu créer des difficultés à M. et à Madame de Colmont, pour ralentir les poursuites qu'ils dirigent contre lui et contre la succession de son père, pour ce qu'ils doivent l'un et l'autre à la succession de feu M. Vincent, notaire à Troyes ; il a voulu que M. de Colmont fût détourné le plus possible des intérêts de sa pupille cohéritière pour un tiers avec M. Amand Vincent de la succession de son grand-père, dont on licite les biens-fonds, le 10 novembre, et il croit atteindre son but, sans bourse délier, car il prétend faire payer à la mineure tous les frais du procès qu'il intente à Madame de Colmont.

Et n'oublions pas d'ajouter qu'indépendamment du compte transcrit ci-contre, le registre de caisse de M. Vincent porte en recette toutes les sommes |mentionnées audit compte.

Erreur d'addition de 2,000 fr.

« § 13. Attendu, en quatrième lieu, que le chiffre des reprises de ladite dame de Colmont est fixé à la somme de 200,449 fr. 53 c., suivant détail contenu en la troisième observation, et que ce chiffre doit être diminué d'une somme de 2,000 fr., sauf le chiffre de réduction ci-dessus.

« § 14. Que cette augmentation dans le chiffre des reprises résulte d'une erreur d'addition qui doit être rectifiée. »

En effet, cette erreur d'addition, commise dans l'inventaire, et qui a échappé alors à M. Aucoc, notaire qui l'a rédigé, et à M. Amand Vincent, subrogé-tuteur, a été copiée dans la liquidation sans qu'alors on l'ait reconnue. Elle l'a été depuis par M. de Colmont, qui l'a signalée à M. Dutreix, avoué poursuivant l'homologation, mais on ne l'a pas rectifiée dans le jugement d'homologation, parce qu'il restait dû à Madame de Colmont 23,302 fr. 51 c. et qu'il y avait à faire une liquidation complémentaire de l'actif litigieux resté indivis, dont la vente a été depuis ordonnée par un jugement, dont M. Amand Vincent a aussi interjeté appel. Il sera temps alors de rectifier cette erreur matérielle de 2,000 fr. qui au surplus sera compensée et au delà.

1° Par une somme de 800 fr. que Madame de Colmont aura à répéter contre la communauté, attendu que dans ses reprises, on n'a porté que pour 1,400 fr. le prix d'une pièce de terre à elle appartenant en propre, vendue par son mari 2,200 fr., ainsi que cela résulte d'une contre-lettre entre l'acquéreur et M. Vincent, contre-lettre que Madame de Colmont représente, ci . . . . 800 fr.

2° Par une somme de 700 fr. que Madame de Colmont aura à répéter dans une seconde vente constatée pour le prix de 1,300 fr. et qui a été en réalité de 2,000 fr., ci 700

3° Par diverses sommes s'élevant ensemble à 7 ou 800 fr., parce que, dans l'inventaire, il a été déduit de la valeur des immeubles propres à Madame de Colmont, vendus par M. Vincent, son premier mari, le prix d'une portion de ces immeubles non encore payée par les acquéreurs. Or ces acquéreurs étant insolvables, il a fallu exercer contre eux l'action résolutoire de la vente, et les frais de ces procès se sont élevés à 7 ou 800 fr. 700

Total. . . 2,200 fr.

Ainsi l'erreur matérielle de 2,000 fr. sera rectifiée, quand il en sera temps, et compensée, même au delà, par les répétitions qu'il reste à faire à Madame de Colmont. La rectification et les répétitions trouveront place dans le complément de liquidation de la communauté Vincent, qu'il y aura lieu de faire après que l'on aura réalisé la valeur des créances douteuses ou litigieuses, encore indivises aujourd'hui.

Intérêts des reprises matrimoniales de Madame de Colmont.

« § 15. Attendu, en cinquième lieu, qu'à ce chiffre des reprises le notaire a, à tort, « ajouté une somme de 25,056 fr. 12 cent., pour intérêts du 15 juin 1850 au 15 fé-« vrier 1853.

« § 16. Attendu, en effet, que ces intérêts se compensent avec les fruits de toute na-« ture produits par les divers biens mobiliers et immobiliers dépendant desdites commu-« nauté et succession, dont il n'apparaît pas que ladite dame Vincent rende d'ailleurs au-« cun compte, encore bien qu'elle les ait reçus et qu'elle en ait profité.

« § 17. Que s'il en était autrement, ladite dame Vincent tirerait un double produit des « mêmes valeurs.

« § 18. Attendu, d'ailleurs, que jusqu'au moment de son convol, la dame Vincent était, « aux termes de l'article 385 du Code Napoléon, personnellement tenue du payement « de ces intérêts, et faisait ainsi confusion en sa personne. »

En fait, Madame de Colmont a fait recette et rendu compte dans la liquidation, de tous les fruits des biens mobiliers ou immobiliers dépendant de la communauté et succession, qu'elle a perçus depuis son veuvage.

Les biens immobiliers se composaient, 1° d'une maison de plaisance et d'agrément, sise à Sainte-Maure, dont les revenus, consistant en fruits et en herbes de pré, sont bien loin de suffire à la consommation du cheval et des bestiaux inventoriés, au payement des contributions, aux réparations des bâtiments, et aux gages du manouvrier qui, sous le titre de jardinier, est indispensable pour la garde de l'habitation, non close, au décès de M. Vincent, et qui ne l'est même encore aujourd'hui que par des haies et des fossés.

Madame de Colmont, par un sentiment de scrupuleuse délicatesse, quoiqu'elle n'ait pas habité un seul jour cette maison, depuis la mort de son premier mari jusqu'après son second mariage, a porté en recette le prix de la vente des herbes et des fruits, et a laissé à sa propre charge les gages du jardinier, les réparations, etc.

2° D'une maison sise à Troyes, dont Madame de Colmont a perçu les loyers, et elle en a fait compte dans l'état des recettes joint à la liquidation.

Les biens mobiliers se composaient de la valeur de l'Étude, des créances sur divers, et du mobilier prisé dans l'inventaire 17,637 fr. 65 c.

Madame de Colmont a porté en recette, dans le compte joint à la liquidation, les intérêts du prix de l'Etude payés par M. Petit, et il n'y a pas de page de ce compte où on ne lise : reçu de M..... la somme de...... pour solde en capital *et intérêts* de ce qu'il doit à la succession Vincent.

Il suffit d'ouvrir le compte des recettes joint à la liquidation pour se convaincre que Madame de Colmont en a toujours agi ainsi, et M. Amand Vincent, qui lui a fait signer avant son second mariage, le compte présenté par M. Petit, car elle n'a rien administré elle-même, sait parfaitement qu'il a été dans tous les comptes fait recette des intérêts; enfin, pour ne citer qu'un article, Madame de Colmont fait recette, à la date du 20 août 1852, de 12,578 fr. 10 c., payés ledit jour par M. Petit, pour intérêts de ce qu'il redevait alors pour le prix de sa charge : par tout le compte, il en est de même.

Madame de Colmont, en réclamant les intérêts de ses reprises matrimoniales, lorsqu'elle porte en compte tous les fruits perçus par elle, ne tire donc pas deux produits d'une même valeur.

Quant au mobilier prisé 17,657 fr. 65 c., elle n'a pu en disposer que lorsque la liquidation le lui a attribué, et, loin de produire des fruits entre ses mains, il est évident que la bibliothèque de son mari, la cave, les voitures ont perdu beaucoup de leur valeur ; si elle les a acceptées au prix de l'inventaire, ç'a été un sacrifice de sa part pour éviter des embarras et des difficultés.

Reste donc la question de la jouissance légale.

Les art. 384 et 385 du Code Napoléon, attribuent au père, pendant la durée du mariage, et à la mère survivante, la jouissance des biens de leurs enfants mineurs jusqu'à l'âge de dix-huit ans; les charges de cet usufruit légal sont : 1° celles auxquelles sont tenus les usufruitiers; 2° la nourriture, l'entretien et l'éducation des enfants selon leur fortune ; 3° le payement des arrérages ou intérêts des capitaux; 4° les frais funéraires et ceux de dernière maladie.

Est-il besoin de faire remarquer à des juges, ni même à personne, que là où l'usufruit n'existe pas, les charges attachées à cet avantage n'existent nécessairement pas non plus? Comment serait-on tenu aux charges de l'usufruit sans être usufruitier? Or, la succession de M. Vincent étant insuffisante pour en acquitter les dettes, Madame de Colmont n'a pas joui et n'a pas pu jouir de l'usufruit des biens de cette succession ; elle ne peut donc être tenue aux charges de cet usufruit, dont l'une serait le payement des intérêts des capitaux.

En vérité, même dans ce détail, le but de M. Amand Vincent de plaider pour recueillir à son profit l'avantage des retards que les procès apportent au règlement des affaires, et le tout aux frais de sa pupille, est trop grossièrement évident.

Dette de 24,692 fr. 70 c. de la succession Vincent envers M. Perrot,
père de Madame de Colmont.

« § 19. Attendu, en dixième lieu, que le notaire liquidateur constitue ladite dame « Vincent, créancière d'une somme de 24,692 fr. 70 c. pour prétendus prêts faits par « M. Perrot, son père, dont elle est héritière, en l'étude dudit M° Vincent, et qui au- « raient été recouvrés par la succession de ce dernier. »

« § 20. Attendu que les créances dont il est question dans ce paragraphe dépendaient « de la succession de M. Vincent, et qu'il n'est nullement établi qu'elles étaient la pro- « priété de M. Perrot. »

M. Vincent, en sa qualité de notaire, gérait les capitaux d'un assez grand nombre de ses clients, et il les plaçait à son gré, soit par actes authentiques, soit par actes sous signatures privées. Ses registres établissent les sommes reçues de ses clients ou pour leur compte, celles qu'il leur payait, en un mot la situation de leurs capitaux dans son Etude. M. Perrot a versé à M. Vincent, à diverses époques, des sommes plus ou moins considérables; celui-ci en a opéré le placement par actes sous signatures privées, qu'il a conservés entre ses mains; on comprend fort bien que ces opérations avaient lieu entre le beau-père et le gendre avec une entière confiance, et du reste il en était de même entre M. Vincent, qui jouissait de la réputation la plus intègre, et la plupart de ses clients.

Toutes ces opérations sont d'ailleurs constatées sur les registres de M. Vincent par un compte écrit presque en entier de sa main, et que nous transcrivons ici :

*Compte des recettes et des dépenses faites par M. Vincent, notaire à Troyes,
pour M. Perrot-Deheurles.*

	RECETTES. fr.	c.	DÉPENSES. fr.	c.
Le 10 mars 1845, reçu espèces et billets de banque. . .	4,000	»		
Le 19 avril 1845, reçu pour placer.	2,500	»		
Le 1er avril 1845, prêté à M. Camusat, par reconnaissance.			4,000	»
Payé contributions de 1844 et 1845, sur Saint-Julien . .			3	31
Le 30 avril, prêté par billet de Mme Marcotte, à fin février 1846			2,500	»
Le 1er juillet, reçu de MM. Tissier, Collet et autres, un an d'intérêt du transport Desréaulx.	150	»		
Le 12 décembre, reçu de M. Perrot pour placer (1 billet de banque).	1,000	»		
Idem, payé à M. Perrot, réglement d'intérêt Tissier, avec les 3 fr. 31 c.			146	69
Le 28 mars 1846, payé impositions 1846 sur Saint-Julien.			1	74
Le 31 mars, payé à des paveurs pour travaux à sa maison des Changes.			4	»
Le 18 juillet, reçu de M. Vauthier pour 2 billets Grangé .	389	»		
Le 31 juillet, reçu de M. Collet et autres, 1 an d'intérêt au 1er courant	150	»		
Le 31 août, reçu de M. Talbot, solde de billet Marcotte et 16 mois d'intérêts. . . . , ...	2,606	65		
Idem, prêté les 1,000 fr. reçus le 12 décembre 1845 à M. L. Desréaulx			1,000	»
Le 1er septembre, prêté à M. Gabriel Desreaulx, sur remboursement du billet Marcotte			2,700	»
Le 4 septembre, reçu de M. Perrot, en sols	210	»		
Le 1er janvier 1847, reçu les remboursements de la reconnaissance de M. Camusat et 21 mois d'intérêt	4,350	»		
Idem, payé pour deux billets pris chez M. Talbot, de M. Blaise, au 1er octobre 1847			4,000	»
Idem, payé pour la voiture et le cheval pour aller chercher M. Perrot, 14 fr. 50, et pour dépenses du voyage de Hampigny, 18 fr. 50. Total			33	»
Idem, payé pour la voiture qui est allée à Estissac et frais de voyage			»	»
Idem, payé voyage de Nangis pour aller, 3 personnes, et coucher			50	»
Idem, payé pour retour, 2 personnes			25	»
Idem, à porter en recettes, pour mouchoirs, plateaux et balais payés à M. Frédéric	11	50		
Le mars, payé à M. Augé, percepteur, pour contributions 1847			1	77
Le 25, reçu de M. Perrot	2,500	»		
Le 9 avril, reçu du même	38	36		
Le 1er mai, encaissé les 2 billets Blaise pris le 1er janvier dernier..	4,066	65		
Idem, encaissé le transport Desreaulx sur Tissier et autres, et intérêts depuis le 1er juillet 1846.	3,125	»		
A reporter. . . .	25,157	16	14,405	51

	RECETTES.		DÉPENSES.	
	fr.	c.	fr.	c.
Reports. . . .	25,157	16	14,465	51
Idem, prêté à M. Richard-Lebœuf, par reconnaissance . .			9,000	»
Idem, prêté à Claude Honnet de Saint-Léger			1,500	»
Le 29 juin, payé à M. Boullaire, pour vin de Champagne .			71	75
Le 30, payé à M. Camusat-Busserolles, pour vin de Malaga.			30	»
Le 20 novembre, reçu de M. Perrot, pour placer. . .	2,000	»		
Idem, reçu du mandataire de M. G^d Desreaulx, 1 an d'inté-rêt au 1er septembre dernier.	133	»		
Idem, reçu du mandataire de M. Louis Desreaulx, 1 an d'intérêt	50	»		
Idem, prêté à M. Cauchois-Janson			2,000	»
Le 4 avril, reçu de M. Perrot, 1 billet de banque . . .	500	»		
Le 1er mai, reçu du mandataire de M. Lebœuf, 1 an d'inté-rêt échu cejourd'hui	450	»		
Le 20 novembre, payé à Rivet-Hussenot, en l'acquit de Mouillefarine			211	50
Le 22, reçu de Etienne Vallion, à compte de vente du 20 septembre	2,300	»		
Le 3, reçu de M. Perrrot	300	»		
Le 26 avril 1849, payé pour contributions 1848 et 1849, sur Saint-Julien			4	64
Le 15 août, reçu	400	»		
Le 23, payé pour impositions sur Villenauxe.			12	95
Le 27 janvier 1850, reçu un billet de banque	100	»		
Le 25 mars, payé pour impositions sur Saint-Julien . . .			1	86
Totaux. . . .	31,392	16	27,298	24

Si on analyse le compte ci-dessus, on voit qu'il se réduit en capitaux aux opérations principales suivantes :

M. Perrot avait remis à M. Vincent, ou M. Vincent avait reçu pour lui, pour en opérer le placement, savoir :

			Intérêts au 15 février 1853, date de la liquidation.	
Le 10 mars 1845, en numéraire . . .	4,000 fr.	. . .	1,583 fr.	33 c.
Le 19 avril 1845 . idem.	2,500	. . .	979	20
Le 12 décembre 1845. idem.	1,000	. . .	358	33
Le 18 juillet 1846, M. Vincent avait reçu pour le compte de M. Perrot.	389	. . .	128	»
Le 4 septembre 1846, M. Perrot lui avait remis en sols.	210	. . .	73	37
Le 25 mars 1847, en numéraire.	2,500	. . .	739	75
Le 1er mai 1847, M. Vincent avait reçu de MM. Tissier et autres le montant d'un trans-port fait sur ces débiteurs par M. Desreaulx, au profit de M. Perrot, ci.	3,125	. . .	885	40
Le 20 novembre 1847, en numéraire . . .	2,000	. . .	525	»
Le 4 avril 1848. . . . idem	500	. . .	120	80
Le 22 novembre 1848, M. Vincent avait reçu de				
A reporter . . .	16,224	. . .	5,393	18

| | Reports . . . | 16,224 | . . . . | 5,393 | 18 |

M. Vallion, pour le compte de M. Perrot, une partie du prix de terres que celui-ci lui avait vendues . . . . 2,300 . . . . 488 75

Le 3 novembre 1848, M. Perrot lui avait remis en numéraire . . . . 300 . . . . 63 75

Le 15 août 1849, idem . . . . . . 400 . . . . 70 »

Le 27 janvier 1850, idem. . . . . . . 100 . . . . 10 »

Total . . . 19,324 . . . . 6,025 68

Les livres de caisse de M. Vincent font foi de l'encaissement de ces sommes s'élevant en capital à . . . . 19,324 »

Les intérêts que M. Vincent avait reçus des personnes auxquelles il avait prêté ces fonds, s'étaient accumulés entre ses mains ou se sont réalisés dans la caisse de sa succession depuis sa mort, et forment, calculés jusqu'au 15 février 1853, date de la liquidation . 6,025 fr. 68 c.

La créance de M. Perrot, ou de Madame De Colmont en qualité de son héritière, s'élevait donc à 25,349 68

mais elle doit être réduite à 24,692 fr. 70 c. par l'effet de différents payements de sommes peu importantes, pour contributions, etc., acquittées par M. Vincent pour le compte de M. Perrot, comme le compte ci-devant transcrit en donne le détail.

Les sommes appartenant à M. Perrot, qui existaient entre les mains de M. Vincent au jour de son décès, mais qui ne s'élevaient alors qu'à environ 19,000 fr., parce qu'il n'avait pas été fait recette des intérêts au profit de M. Perrot depuis 1848, étaient placées, ainsi que l'attestent les écritures de M. Vincent, savoir :

A M. Louis Desreaulx . . . . 1,000 fr

A M. Gabriel Desreaulx 2,700

A M. Richard Lebœuf 9,000

A M. Claude Honnet 1,500

A M. Cochois Jeanson 2,000

Et les 2,300 fr. reçus de M Vallion n'étaient pas encore placés 2,300

Total. . . 18,500

Les billets de MM. Louis Desreaulx, Gabriel Desreaulx, Claude Honnet et Cochois-Jeanson, et la reconnaissance de M. Richard Lebœuf, se sont retrouvés et ont été inventoriés parmi les papiers de M. Vincent. Ils étaient rédigés dans la forme suivante : « Je m'engage à payer à M. (le nom en blanc), en l'Etude de Me Vincent, notaire, la somme de...... »

Le recouvrement de ces valeurs ainsi conçues a été fait, en capital et intérêts, par les liquidateurs de la succession : Madame de Colmont porte ces sommes en recette dans son compte, aux dates des 20 oct. 1850, 31 janv. 1851, 5 mars 1851 et 12 févr. 1853.

Ainsi il est incontestable, 1° que M. Vincent a reçu de M. Perrot ou pour son compte, du 10 mars 1845 au 27 janv. 1850, 19,324 fr.; 2° que M. Vincent a placé ces fonds pour le compte de son beau-père et client, ou qu'il a dû les placer, et qu'il en a touché pour lui les intérêts; 3° que ces intérêts s'élèvent à 6,025 fr. 68 c., jusqu'à la date de la liquidation par laquelle il est fait à Madame de Colmont des abandonnements pour lui rembourser, sur la succession de M. Vincent, le montant de la dette de celui-ci envers son père; 4° que la succession Vincent a réalisé le recouvrement des obligations souscrites par les personnes à qui M. Vincent avait prêté les fonds de M. Perrot.

Comment peut-on contester une dette aussi claire, et quand elle est établie de la main même de M. Vincent, sur ses propres registres ?

Aussi le rédacteur de l'acte d'appel de M. Vincent, quelque courage qu'il ait montré dans tout cet acte, sorti de l'Etude de M° Rollin, avoué à Troyes, lequel avoué est aussi celui du maître-clerc contre qui la succession Vincent plaide en restitution de sommes perçues par lui, et dont il n'a pas rendu compte ; ce rédacteur donc, a ressenti quelque émotion du rôle qu'il jouait, et il s'est borné, en détournant la question, à dire qu'il n'était pas établi que les créances sur MM. Louis et Gabriel Desreaulx, Claude Honnet, Richard Lebœuf et Cochois-Jeanson, fussent la propriété de M. Perrot.

Mais qu'importerait cette circonstance ? Il ne peut être contesté que M. Vincent ait reçu de M. Perrot ou encaissé pour son compte, pour en opérer le placement. . . . .   19,234 fr. »

Or il a dit à M. Perrot, et ses propres écritures le prouvent, qu'il avait opéré le placement de ces fonds, et même que chaque année jusqu'en 1848, il en avait touché les intérêts des personnes à qui il les avait prêtés.

M. Vincent doit donc le capital et les intérêts.

Ces intérêts s'élèvent au jour où, par la liquidation, on rembourse le capital à Madame de Colmont, héritière de M. Perrot, à   6,025   68 c.

La dette de M. Vincent est donc évidemment de   25,259   68

Réduite, comme on l'a dit, à 24,692 fr. 70 c. par quelques payements faits par M. Vincent pour le compte de M. Perrot.

Inanité des griefs, contre la liquidation, élevés par M. Amand Vincent.

« § 21. Attendu, en septième lieu, qu'au moyen des rectifications et modifications ci-
« dessus, et de toutes celles qui pourraient être ordonnées, ladite communauté et succes-
« sion de M. Vincent, loin de ne présenter qu'une situation passive, auront un actif assez
« important qu'il importe de constater dès à présent dans l'intérêt de la mineure. »

De toutes les allégations de M. Amand Vincent, il n'en subsiste plus une seule, si ce n'est celle relative à l'erreur de 2,000 fr., commise dans une addition sur l'inventaire, copiée sur la liquidation, connue avant le jugement d'homologation, qu'on rectifiera quand on payera à Madame de Colmont les 23,302 fr. 50 c qui lui restent dûs, et qui sera alors plus que compensée par les réclamations qu'elle a encore le droit de faire (1). (Voyez page 27.)

Les créances laissées en commun par la liquidation sont, les unes chimériques, d'autres irrécouvrables, quelques-unes ont une valeur, mais peu considérable.

« § 22. Attendu, en huitième lieu, qu'à la part revenant dans cet actif à la succession
« Vincent, il y a lieu d'ajouter la part lui revenant dans les créances laissées en com-
« mun par le notaire liquidateur, et s'élevant, sauf vérification des comptes et sans ap-
« probation des énonciations portées sur ce paragraphe, à la somme de 64,413 fr.
« 35 c. (2). »

M. A. Vincent sait fort bien, lui qui a pris la part que nous avons dite à l'inventaire et, pendant dix-sept mois, à la liquidation de la communauté et succession Vincent, que les diligences et les poursuites faites depuis le mois d'avril 1850 jusqu'à présent, ont réalisé

(1) Indépendamment de ces 23,302 fr. 51, il a été abandonné à Madame de Colmont 10,892 fr. 85 c. à prendre sur la somme due par la succession de M. Vincent de Marcilly, que conteste aujourd'hui M. Amand Vincent.
(2) Il fallait dire 65,413 fr. 35 c.

presque tout ce qui était réalisable dans la succession Vincent : Il sait fort bien qu'il n'en dépend plus de créances actives qui ne soient litigieuses ou irrécouvrables et que les seules qui aient une importance réelle, sont : 1° celle sur la succession de son père : 2° celle sur lui-même ; 3° le résultat du procès pendant devant la Cour impériale contre l'ancien maître-clerc de M. Vincent, à qui la succession réclame des sommes qu'il a perçues et dont il n'a pas rendu compte.

Le chiffre de 65,413 fr. 35 c., est celui porté par le notaire liquidateur sous l'art. 12 de la liquidation pour le montant des créances *incertaines, litigieuses, ou d'un recouvrement désespéré ;* il a fait mention de toutes, parce qu'elles sont portées dans l'inventaire.

Nous allons examiner rapidement la situation de chacune de ces créances. L'état de liquidation est en date du 15 février 1853 ; le jugement qui a ordonné la vente des créances est du 28 avril suivant ; dans l'intervalle, il a été fait quelques recouvrements : il en a même été fait, mais de peu importants, depuis le mois d'avril ; le chiffre de quelques créances a été aussi plus exactement fixé.

N°ˢ des Créances et Noms des Débiteurs (1)	Sommes dues selon la LIQUIDATION.	Recouvrements OPÉRÉS depuis le 15 février 1853		Restant dû.		OBSERVATIONS.
	fr. c.	fr.	c.	fr.	c.	
1° Reste des frais d'actes.	6,000 » par évaluation	3,000 » environ.		3,000	»	Il ne s'agit ici que des frais d'actes qu'on peut espérer de recouvrer en tout ou en partie.
2° M. Labiche-Argentin.	3,200 »	»	»	»	»	M. Labiche-Argentin, prétendu débiteur, a fait liquider judiciairement son compte avec la succession Vincent ; le jugement n'est pas encore rendu, mais on sait déjà que cette créance se réduira à peu de chose.
3° Mme Desbordes	22,789 75	»	»	»	»	La débitrice, créole de la Guadeloupe, est décédée insolvable. Ses biens immeubles ont été vendus, leur valeur ne suffira pas pour payer les créanciers inscrits avant M. Vincent, à qui il serait dû plus de 30,000 fr.
4° Mme ***.	100 »	»	»	»	»	Absolument insolvable.
5° M. ***.	3,500 »	»	»	3,500	»	Il y a compte à faire avec ce débiteur ; mais on n'a pu obtenir aucun payement jusqu'à ce jour.
6° M. Frapin.	4,955 »	»	»	»	»	Le débiteur, M. Frapin, ancien notaire à Theil, est tombé en déconfiture. On ignore ce qu'il est devenu.
7° M. Coulon.	192 65	»	»	»	»	Débiteur en déconfiture, absolument insolvable.
8° M ***.	750 »	»	»	»	»	C'est par erreur que l'inventaire a supposé que la personne dont il est ici question était débiteur de la succession ; il est au contraire créancier de plusieurs mille francs : une instance est ouverte en appel sur le règlement de son compte, qu'il n'accepte pas dans les termes où il a été arrêté par le Tribunal de Troyes.
9° Héritiers Houssier.	1,800 »	»	»	»	»	Erreur commise dans l'inventaire ; il y a procès, et il paraît que ce sont les héritiers Houssier qui sont créanciers de la succession Vincent.
10° ***.	200 »	»	»	»	»	Absolument insolvable.
11° Lesourd.	142 »	»	»	142	»	Il y a lieu d'espérer que l'on sera payé.
12° Lefèvre de Saint-Pouange.	5,100 »	»	»	»	»	Erreur matérielle de l'inventaire. On a parlé plus haut de cette créance, voir page 24.
13° M. ***.	2,315 »	»	»	»	»	Cette créance fait confusion avec une somme plus forte dont M. *** est créancier en qualité d'héritier de Madame sa mère.
A Reporter . .	51,044 40	3,000	»	6,642	»	

(1) On a laissé la plupart des noms en blanc, par un motif de convenance ; mais l'ordre des créances dans ce tableau est celui suivi dans la liquidation, la vérification devient facile en s'y reportant.

Nos des Créances et Noms des Débiteurs.	Sommes dues selon la LIQUIDATION.		Recouvrements OPÉRÉS depuis le 15 février 1853,		Restant dû.		OBSERVATIONS.
	fr.	c.	fr.	c.	fr.	c.	
Report . . .	51,044	40	3,000	»	6,642	»	
14° Maréchal.	40	45	»	»	40	45	Ce débiteur habite Paris ; on pourra le faire payer, mais il faut se procurer son adresse, que l'on ignore.
15° Mariotte-Meusy.	400	»	»	»	50	»	En faillite. On touchera deux dividendes, ensemble 50 fr.
16° M. Protat.	350	»	»	»	»	»	Il y a à faire avec M. Protat, ancien notaire à Brienne, un compte fort compliqué, qu'il sera difficile de régler et dont on ne peut préjuger le résultat.
17° M. ***.	1,889	25	»	»	»	»	On n'a point de titre à l'appui de cette créance. Le débiteur est en déconfiture, et même en prison pour dettes.
18° M. Saunier.	787	»	859	45	»	»	Reçus pour solde en capital et intérêts le 16 mars 1853.
19° M. ***.	350	»	»	»	350	»	On obtiendra payement ; on ignorait l'adresse du débiteur ; on l'a découverte, il a demandé de longs termes, mais on a lieu d'espérer qu'il payera entre les mains de l'avoué chargé des poursuites.
20° ***.	150	»	»	»	150	»	Même observation qu'à l'art. précédent.
21° Ancien comptoir national.	500	»	»	»	Mémoire.		Cette somme n'est point due, elle a été touchée par M. Petit, mais elle a été omise dans son compte de recette, c'est un article à régler et qui, dans tous les cas, forme une valeur active.
22° ***.	100	»	200	»	»	»	Cette créance, portée dans l'inv. à 100 f., s'élevait à près de 2,000 f. ; il a été recouvré 200 f. le 16 av. 1853 ; il y a peu d'espoir d'obtenir davantage.
23° ***.	1,000	»	»	»	1,200	»	Cette créance est litigieuse ; mais on recouvrera certainement 1,000 à 1,200 fr.
24° M. Léonard.	1,324	25	»	»	»	»	M. Léonard, ancien notaire à Tonnerre, est décédé en état de déconfiture ; ses biens meubles et immeubles ont été vendus, et le prix absorbé par ses dettes. Il n'y a aucun espoir de recouvrement.
25° M. Godot-Desbordes.	1,397	»	1,500	»	»	»	On a reçu, le 8 avril 1853, 1,500 fr., pour solde, de l'un des héritiers Godot-Desbordes.
26° M. Gallimard	5,081	»	»	»	»	»	M. Gallimard poursuit judiciairement le règlement de son compte avec la succession Vincent. Cette créance paraît devoir se réduire à peu de chose.
27° ***.	600	»	»	»	»	»	On n'a aucun titre, aucune pièce à l'appui de cette créance.
28° ***.	400	»	»	»	Mémoire.		Ce débiteur s'acquitte à raison de 10 fr. par mois.
	65,413	35	5,559	45	8,432	45	

Ainsi sur les créances douteuses ou litigieuses laissées indivises entre Madame de Colmont et sa fille par la liquidation du 15 février 1853, il avait été recouvré, avant le jugement du 28 avril 1853, qui a ordonné la vente des créances de la succession Vincent, 5,559 fr. 45 cent. ; il reste une portion plus ou moins difficilement recouvrable de 8,432 fr. 45 cent. Le surplus, pour 51,421 fr. 45 cent., correspond à des erreurs matérielles faites dans l'inventaire, ou à des créances prétendues, établies sur des billets inventoriés, mais souscrits par des clients de l'étude, pour le compte de qui M. Vincent avait, depuis la date des billets, reçu de plus fortes sommes que le montant de ces billets ; ou enfin des créances d'un recouvrement désespéré.

M. Amand Vincent continue cependant en ces termes :

Fausse conclusion de M. A. Vincent.

« § 23. Que l'importance de ces créances imposait à la dame de Colmont, tutrice, et au

« sieur de Colmont, co-tuteur, l'obligation d'en opérer le recouvrement ou le règlement.

« § 24. Qu'il convient d'ordonner que, par telle personne qui sera commise par la
« Cour, il y sera procédé dans le plus bref délai. »

Il n'y a rien que M. Amand Vincent ne foule aux pieds, entraîné qu'il est par son intérêt et la position où sa conduite l'a placé. Nous devons comprimer en nous le sentiment que nous éprouvons ; mais quelles réflexions ne feront pas ceux qui liront ce mémoire !

Il lui eût été pourtant si facile de venir avouer où il en était, et d'éviter le remords
de si mauvaises actions.

APPEL DU JUGEMENT QUI A ORDONNÉ LA VENTE DES CRÉANCES DÉPENDANT DE LA COMMUNAUTÉ
ET SUCCESSION VINCENT.

Ce jugement, en date du 28 avril 1853, est la véritable cause qui a déterminé
M. Amand Vincent à former les deux appels pendants devant la Cour.

En effet, dès le 30 novembre 1852, il était l'un des membres du conseil de famille
qui nommait, à l'unanimité, M. Léon Boilletot tuteur *ad hoc*, pour représenter la mineure à la liquidation des communauté et succession Vincent et à celle des reprises de
Madame de Colmont.

Il n'avait donc aucun motif contre M. Boilletot.

Le 9 mars, on lui signifiait le jugement qui homologuait cette liquidation.

Il n'avait demandé aucun renseignement, ni pris aucune information sur cette liquidation, et nous avons assez fait voir que, même aujourd'hui, il n'en a pris encore
aucune connaissance.

Mais dans le courant de mai, on lui signifie le jugement qui ordonne la vente du restant
de l'actif de la succession de son frère ; on procède aux mesures préparatoires de cette
vente, et l'on affiche à vendre, *les deux créances dépendant de la succession de son frère,
l'une contre la succession de son père et l'autre contre lui-même.*

C'est alors, et alors seulement, que M. Amand Vincent s'est ému. Pourquoi ? C'est
que le subrogé-tuteur s'est mis en avant pour couvrir le débiteur ; le subrogé-tuteur n'est
qu'un homme de paille, pour nous servir de l'expression de l'avocat de M. A. Vincent ; ce
n'est pas lui qui interjette appel ; c'est le débiteur, qui ne veut ni compter ni payer.

Examinons pourtant la valeur de cet appel. Il ne nous paraît recevable ni dans la
forme, ni au fond.

Nous le repousserons d'abord par deux moyens préjudiciels : nous le repousserons
ensuite, parce qu'il n'a aucun fondement raisonnable.

Le premier des deux moyens préjudiciels est celui de l'inhabileté du subrogé-tuteur à
appeler des jugements rendus contre la mineure : c'est au tuteur *ad hoc* seulement qu'il
peut appartenir de prendre une telle mesure. Nous croyons l'avoir complétement démontré
en examinant les motifs d'appel du jugement du 24 février 1853 ; nous ne revien-
drons pas ici sur ce point de droit.

Le second moyen préjudiciel, c'est que l'héritier bénéficiaire, et par conséquent le tuteur qui le représente, n'a pas besoin d'autorisation du juge pour faire vendre, selon les
formes de droit, les valeurs mobilières de la succession. Il y a trois ans et demi que Madame de Colmont a le droit, en sa qualité de tutrice de sa fille, héritière bénéficiaire de
la succession Vincent, d'en faire vendre toutes les créances actives.

Aujourd'hui, M. Léon Boilletot a le même droit, et du moment qu'il veut exécuter le
jugement qui ordonne cette vente, il n'y a pas lieu, à ce qu'il nous semble, à intervention du juge.

Que Madame de Colmont ait, comme partie intéressée, mis l'héritier bénéficiaire en demeure de faire cette vente, elle a usé du droit de tout créancier; mais lorsque M. Léon Boilletot, s'est mis de lui-même en mesure d'exécuter le jugement qui a ordonné la vente, a signifié à M. Amand Vincent, sur la notification de l'appel que celui-ci lui a faite, qu'il jugeait utile à sa pupille d'exécuter ce jugement, il a usé du droit que la loi accorde au tuteur d'administrer les biens du mineur, et à l'héritier bénéficiaire de vendre les créances actives de la succession.

La doctrine que nous émettons ici résulte clairement du 1er § de l'art. 805 du Code civil, ainsi conçu :

« L'héritier bénéficiaire ne peut vendre les meubles de la succession que par le minis-
« tère d'un officier public, aux enchères, et après les publications et affiches accoutu-
« mées. »

Le rapprochement des art. 986 et 989 du Code de procédure civile prouve même que, lorsque l'héritier bénéficiaire a pris cette qualité, il n'a pas besoin de l'autorisation du juge pour procéder à la vente, pourvu qu'il observe la forme prescrite pour la vente de ces sortes de biens.

Les commentateurs et un arrêt de la Cour de Besançon sont d'accord sur cette doctrine (1).

Nous repoussons donc l'appel interjeté par M. A. Vincent contre le jugement du 28 avril 1853 par deux moyens préjudiciels; le premier, attendu que le subrogé-tuteur est inhabile à se porter appelant de jugements rendus contre le mineur, lorsque le tuteur croit au contraire utile au mineur d'exécuter ces jugements; le deuxième parce que le tuteur a qualité, sans autorisation du juge, pour vendre, selon les formes judiciaires, les biens meubles de la succession acceptée par son pupille sous bénéfice d'inventaire, et que, dès lors, le subrogé-tuteur n'a pas qualité pour appeler d'un jugement qui a ordonné la vente de ces meubles, lorsque le tuteur entend procéder à cette vente.

En conséquence, Madame de Colmont prie la Cour de déclarer M. A. Vincent non recevable en son appel du jugement du 28 avril 1853, et elle fait d'ailleurs toutes réserves de demander à qui de droit des dommages-intérêts, tant en son nom qu'en celui de sa fille, pour l'empêchement mis à la vente des créances dépendant de l'actif de la succession Vincent.

Mais ici, comme au sujet du jugement d'homologation de la liquidation, M. et Madame de Colmont ont à cœur de montrer tout ce qu'il y a d'injustice dans la conduite de M. Amand Vincent.

Voici les motifs de son appel :

« § 25. Attendu que le mode de vente ordonné par le tribunal serait extrêmement pré-
« judiciable pour la succession de M. Vincent, et aurait pour résultat inévitable d'écarter
« les acquéreurs. »

« § 26. Attendu d'ailleurs qu'au nombre des créances dont la vente est demandée,
« s'en trouvent plusieurs d'un recouvrement facile et certain. »

« § 27. Que d'autres prétendues créances n'existent pas, ainsi qu'il serait établi au
« besoin par un compte avec les prétendus débiteurs. »

Ce dernier paragraphe contient tout le procès. Si M. Amand Vincent, subrogé-tuteur, eût laissé vendre la créance de la succession de son frère sur lui-même, sans y mettre d'opposition, bien que cette créance eût été vendue sans autre garantie que celle de la remise des titres tels qu'ils existent dans les papiers de la succession, certainement l'acquéreur eût conclu contre M. Amand Vincent de son silence et de sa tacite adhésion ; voilà toute la cause de son intervention : maintenant qu'il succombe, que lui importe ? Il aura gagné du temps, il pourra toujours dire qu'il n'a pas reconnu qu'il y eût lieu

---

(1) Voir Bilhard, *Traité du bénéfice d'inventaire*, et les auteurs cités par lui.

de vendre une créance de la succession de son frère contre lui, et les frais du procès ne lui incomberont pas, à ce qu'il espère.

Mais prenons en détail les trois motifs de l'appel.

Le premier critique le mode de vente, sans d'ailleurs énoncer sur quoi repose cette critique.

Le mode de vente ordonné par le tribunal n'est cependant autre chose que l'application de l'art. 989 du Code de procédure civile ; et deux créanciers de la succession qui sont intervenus dans l'instance, parce qu'ils y ont en effet un intérêt, n'ont trouvé aucune raison de s'opposer ni à la vente, ni au mode prescrit par le tribunal.

Ce mode est celui des enchères publiques après publications légales ; le tribunal laisse d'ailleurs aux parties la faculté de former les lots des créances et de vendre à tout prix : comment eût-il été possible d'agir autrement ?

M. A. Vincent affirme que parmi les créances qui doivent être vendues, il en est plusieurs d'un recouvrement facile et certain ; s'il en était ainsi, comment donc M. Petit, qui a administré la succession Vincent, sous la direction de M. Amand Vincent, pendant près d'une année et demie, n'a-t-il pas recouvré ces créances, dont il prétend aujourd'hui que le recouvrement est facile

Mais il n'y a rien de pareil et, comme nous l'avons fait voir en donnant le détail de ces créances, cette dernière assertion de M. A. Vincent vaut ce que valent toutes les précédentes.

Nous le répétons, trop de fois peut-être, M. Amand Vincent est le débiteur de son frère depuis près de vingt ans ; il ne veut ni compter avec sa succession, ni surtout payer ; la preuve de sa dette est écrite de la main de son frère dans une suite de comptes auxquels la mort suffirait pour donner un cachet de vérité ; le chiffre est arrêté au 1er janvier 1849, à 32,372 fr. 40 cent. en capital ; mais M. Vincent a toujours trouvé le moyen de ne pas acquitter cette dette, et il s'efforce, aujourd'hui qu'elle lui est plus formellement réclamée, d'échapper encore au payement ; les procès qu'il est parvenu à porter jusqu'aux pieds de la Cour, ne sont qu'un moyen dans ce but ; pour nous, nous avons la plus profonde, la plus inébranlable confiance que dès tout à l'heure il trouvera justice ; notre confiance est extrême, parce que nous n'avons pas avancé dans ce Mémoire le moindre fait dont nous ne puissions fournir la preuve.

V. DE COLMONT, née PERROT.

DE COLMONT.

CHAUVELOT, avoué à la Cour impériale
de Paris.

PIÈCES JUSTIFICATIVES.

N° 1.

NAPOLÉON, par la grâce de Dieu et la volonté nationale, Empereur des Français, etc.

Le tribunal civil de première instance de Troyes,

Après avoir entendu contradictoirement en leurs plaidoyers et conclusions, M⁰ Dutreix, avoué de Monsieur et de Madame De Colmont, M⁰ Gillier, avoué du sieur Boilletot ès noms, Monsieur Mailly, juge-commissaire en son rapport le ministère public en ses conclusions, et qu'il en a été délibéré conformément à la loi, jugeant en dernier ressort.

Attendu que le procès-verbal de liquidation dressé par M⁰ Aucoc, notaire à Troyes, le dix-sept février courant, enregistré, est régulier en la forme et juste au fond ;

Homologue le dit procès-verbal de liquidation, pour être exécuté selon sa forme et teneur.

N° 2.

NAPOLÉON, par la grâce de Dieu et la volonté nationale, Empereur des Français, etc.

Le Tribunal civil de Troyes :

Attendu que suivant exploit de Dubois, huissier à Troyes, en date du 18 décembre 1852, M. et Madame de Colmont, ès nom qu'ils procèdent, ont formé contre M. Léon Boilletot, tuteur ad hoc de la mineure Vincent, une demande tendant entre autres choses à ce qu'il fût procédé devant M⁰ Aucoc à la vente sur licitation des créances et recouvrements dépendant des communauté et succession Vincent ;—attendu qu'il intéresse la succession Vincent de faire cesser l'indivision qui existe entre les parties à l'égard de ces créances, et de terminer, par la vente à laquelle il sera procédé, la liquidation longue et laborieuse des affaires de la succession ; que c'est le moyen de mettre promptement M. et Madame de Colmont à même de présenter le compte de bénéfice d'inventaire de la succession ; — attendu que la presque totalité des bonnes créances a été recouvrée ; que ce qui reste à faire rentrer consiste en créances douteuses, litigieuses, ou d'un recouvrement difficile et éloigné ; — attendu que, d'après l'inventaire dressé après le décès de M. Vincent, ces créances consistent dans celles ci-après : 1° Créance sur madame Desborde, hypothéquée sur une terre à la Pointe-à-Pitre, vendue à Paris par adjudication judiciaire, et dont le prix devra être distribué d'après un compte ouvert à la Pointe-à-Pitre,

	fr.	c.
1° Créance sur madame Desborde...	22,789	73
2° Le solde d'un compte à régler avec M. Labiche Argentin, dont le reliquat paraît devoir être fixé à 2,294 fr. 23. Cette créance est litigieuse.	2,294	23
3° Créance de 100 fr. due par mademoiselle Borgne,	100	
4° Créance sur M. Bernot, ancien notaire, résultant d'un compte à régler et évaluée	3,500	
5° Créance de 4,935 fr., en principal, due par M. Frappin, ancien notaire à Theil, résultant d'un jugement rendu par le Tribunal civil de Troyes	4,935	
6° Créance de 192 fr. 65 sur le sieur Coulon, propriétaire à Vielaines.	192	65
7° Créance en principal 750 fr. due par M. Collet-Tatin, et résultant de billets souscrits par lui ou d'avances faites pour son compte	750	
8° Créance de 200 fr. sur M. Dauvilliers de Vielaines, résultant d'un compte arrêté	200	
9° Créance de 1,800 fr., due par les héritiers Houssier, résultant de billets souscrits par ce dernier, mais sauf règlement d'un compte de recettes faites par M. Vincent pour M. Houssier. Litigieuse.	1,800	
10° Créance de 112 fr., due par le sieur Lesourd.	112	
11° Créance de 40 fr. 45, due par un sieur Maréchal d'Arcis	40	45
12° Créance sur M. Protat, notaire à Brienne, résultant d'un compte à régler avec lui ; créance litigieuse évaluée dans l'inventaire	350	
13° Créance sur M. Rozé-Blaise, évaluée dans l'inventaire	1,889	25
14° Créance sur M. et madame Toulot, demeurant à Paris, contre lesquels des poursuites ont été dirigées par M⁰ Duparc, avoué à Paris. Créance litigieuse.	500	
15° Créance sur M. Talbot, ancien agent de change à Troyes, montant à	1,800	
16° Créance résultant d'un compte à régler avec M. Dubois, demeurant à Paris, portée dans l'inventaire à	1,000	
17° Créance due par un sieur Léonard, ancien notaire à Tonnerre, dont les biens ont été vendus judiciairement 1,324 fr. 25.	1,324	25

18° Créance sur M. Gallimard, demeurant à Mulhouse, fixée dans l'inventaire à 5,081 fr., mais qui paraît se réduire à une somme de beaucoup moindre par suite du règlement de compte à faire avec M. Gallimard 5,081

19° Créance sur M. Chevalier Dupuis, fixée dans l'inventaire à 600

20° Créance sur M. Stanislas Kraykowski, s'élevant d'après compte réglé à 524 87

21° Créance sur M. Janet, ancien principal clerc de M° Vincent, notaire à Troyes. Litigieuse. Soumise à l'éventualité de la décision à intervenir entre les parties devant la Cour impériale de Paris. .... Mémoire.

22° Créance contre M. Vincent, notaire à Romilly, résultant d'avances et de remises de fonds que ce dernier et M. Vincent, notaire à Troyes, se sont réciproquement faits depuis 1827 jusqu'au 16 juin 1850, époque du décès de M. Vincent de Troyes. Compte à faire. Créance litigieuse. .... Mémoire.

23° Créance résultant d'un compte à régler entre la succession de M. Vincent et celle de ses père et mère décédés à Marcilly, dans le cours de l'année 1852. .... Mémoire.

24° Créance sur divers résultant des comptes à régler, soit pour avances de fonds, soit pour toute autre cause. Il est observé que ces comptes n'ont jamais été compris ni même indiqués dans l'inventaire fait après le décès de M. Vincent, soit faute de titres ou même de renseignements propres à les établir, soit à cause de la complète insolvabilité des débiteurs, soit parce qu'il était impossible d'en prévoir le résultat actif ou passif. .... Mémoire.

25° Le solde des recouvrements des frais des actes reçus par M. Vincent pendant son exercice de notaire : la plupart de ces frais sont aujourd'hui mis en recouvrement par les soins de M. Dubois, huissier à Troyes, au nombre d'environ 400 articles, évalués 4,000

26° Le résultat d'un compte à régler avec M. Petit, notaire à Troyes, à raison des recettes et des dépenses qu'il a faites pour le compte de la succession Vincent, depuis le mois d'août 1850 jusqu'au mois de janvier 1852. .... Mémoire.

Total des créances   53,833 fr. 45 c.

Attendu que parmi ces créances quelques-unes sont susceptibles d'être vendues en bloc et d'autres séparément ; — attendu que l'incertitude de la valeur réelle des créances à liciter ne permet pas de fixer la mise à prix sur laquelle elles devront être mises en adjudication ; qu'il convient ainsi, dans l'intérêt de la vente, de laisser fixer au moment de l'adjudication, par le notaire chargé d'y procéder et suivant les demandes des amateurs, et les lots et les mises à prix afférentes à ces lots, en vendant séparément autant que possible et pour un meilleur résultat les créances qui seront ainsi susceptibles d'être réalisées, — donne acte aux parties de M° Rollin et de M° Baudin de leur intervention, et statuant, — ordonne qu'aux requête, poursuite et diligence de M. et Madame de Colmont, ès nom, en présence des autres parties ou elles dûment appelées, il sera procédé par le ministère de M° Aucoc, notaire à Troyes, commis à cet effet, sur le cahier des charges qui sera dressé par ledit notaire, et après l'accomplissement des formalités voulues par la loi en matière de vente sur licitation au plus offrant et dernier enchérisseur des créances ci-dessus énoncées et des recouvrements dépendant des communauté et succession Vincent ; — autorise les parties à composer les lots en y comprenant une ou plusieurs créances, suivant qu'elles le jugeront convenable pour la vente, à fixer les mises à prix de chaque lot, et même à vendre à tout prix, pour le produit de ladite vente être employé à l'acquit des frais privilégiés du bénéfice d'inventaire, des frais de justice et autres dettes des communauté et succession.

———

N° 3.

L'an mil huit cent cinquante-trois, le six de juin. A la requête de M. Joseph-Amand Vincent, notaire, demeurant à Romilly-sur-Seine ; agissant au nom et comme subrogé-tuteur de la demoiselle Clémence-Henriette-Marie Vincent, fille mineure issue du mariage du feu sieur Louis Vincent, en son vivant notaire à Troyes, avec dame Thérèse-Victoire-Françoise Perrot ;

Que le requérant, ès noms, est appelant et interjette par ces présentes, appel : 1° D'un jugement rendu contradictoirement entre les sieur et dame de Colmont et M. Boilletot, ès noms, par le Tribunal civil de première instance de Troyes, le vingt-quatre février dernier ; lequel jugement homologue un procès-verbal dressé par M° Aucoc, notaire à Troyes, le dix-sept du même mois de février, contenant liquidation de la communauté ayant existé entre lesdits sieur et dame Vincent, susnommés ; 2° Et d'un autre jugement rendu par le même Tribunal, le vingt-huit avril dernier, contradictoirement entre les mêmes parties.

Et pour voir statuer sur cet appel, j'ai, huissier soussigné, donné assignation, etc.

    Pour :

    A l'égard du jugement du vingt-quatre février dernier :

    1. Attendu que le requérant en qualité de subrogé-tuteur de la mineure Vincent a droit d'interjeter appel

du jugement dudit jour 24 février dernier, et d'intervenir en l'instance de liquidation dont s'agit pour demander le redressement de l'état liquidatif homologué par ce jugement dans les dispositions qui font griefs à ladite mineure.

2. Attendu que cet état liquidatif, contenant des dispositions contraires aux droits des parties et notamment aux droits et intérêts de ladite mineure, ne pouvait être homologué par les juges selon sa teneur, et que plusieurs modifications devaient être ordonnées.

3. Que si ces modifications n'ont pas été demandées par M. Boilletot, tuteur *ad hoc*, le requérant a qualité pour les demander.

4. Attendu notamment et en premier lieu que M. Vincent, en son vivant notaire à Troyes, y est décédé le 17 juin 1850, et qu'il a été procédé à l'inventaire des forces et charges de sa succession, suivant procès-verbal dressé par Me Aucoc, notaire au même lieu, en date au commencement du 6 août 1850.

5. Attendu que diverses créances actives résultant des titres et pièces trouvés après le décès de M. Vincent ont été inventoriées; mais qu'il n'a nullement été question des recouvrements, cependant très considérables, dépendant de la succession pour frais d'actes et autres.

6. Que si, à l'époque où cet inventaire a été dressé, on n'avait pu encore établir le compte de chacun des débiteurs et l'état général de ces recouvrements, il a été possible de le faire depuis, et que c'était l'un des éléments indispensables de la liquidation.

7. Qu'il ne peut être suppléé à ce compte des créances actives par les états de recettes et dépenses produits par la dame de Colmont et annexés à la liquidation.

8. Que ces états ne présentent pas la situation active de la succession, et confondent d'une manière inextricable cette situation avec les affaires particulières des clients de l'Etude :

9. Attendu, en second lieu, que le notaire liquidateur a compris à tort dans les reprises de la dame de Colmont, veuve Vincent, la somme de cinq mille francs pour la valeur des effets mobiliers corporels faisant le premier article de son contrat de mariage.

10. Que cette valeur lui a déjà été précomptée en omettant de représenter ces objets lors de l'inventaire.

11. Attendu, en troisième lieu, que le notaire liquidateur a admis au nombre des reprises de ladite dame une somme de 20,741 fr. 88 c., faisant le solde de celle de 74,417 fr. 88 c., montant du compte de tutelle rendu par M. Perrot à Madame Vincent, sa fille;

12. Qu'il est énoncé en ladite liquidation que cette somme aurait été touchée, depuis ledit compte, par le feu sieur Vincent, mais que rien ne justifie cette allégation, et qu'il n'a été communiqué au requérant aucune pièce à l'appui.

13. Attendu, en quatrième lieu, que le chiffre des reprises de ladite dame veuve Vincent est fixé à la somme de 200,449 fr. 53 c., suivant détail contenu en la troisième observation et que ce chiffre doit être diminué d'une somme de 2,000 fr., sauf le chef de réduction ci-dessus ;

14. Que cette augmentation dans le chiffre des reprises résulte d'une erreur d'addition qui doit être rectifiée.

15. Attendu, en cinquième lieu, qu'à ce chiffre des reprises, le notaire a, à tort, ajouté une somme de 25,056 fr. 12 c.. pour intérêt du 15 août 1850 au 15 février 1853;

16. Attendu en effet que ces intérêts se compensent avec les fruits de toute nature, produits par les divers biens mobiliers et immobiliers dépendant desdites communauté et succession dont il n'apparaît pas que ladite dame Vincent rende d'ailleurs aucun compte, encore bien qu'elle les ait reçus et en ait profité.

17. Que s'il en était autrement, ladite dame Vincent tirerait un double produit des mêmes valeurs.

18. Attendu d'ailleurs que, jusqu'au moment de son convol, la dame Vincent était aux termes de l'art. 385 du Code Napoléon, personnellement tenue du payement de ces intérêts et ferait ainsi confusion en sa personne.

19. Attendu, en sixième lieu, que le notaire liquidateur constitue la dame veuve Vincent créancière d'une somme de 24,692 fr. 70 c. pour prétendus prêts faits par M. Perrot, son père, dont elle est héritière, en l'Etude de M. Vincent, et qui auraient été recouvrés par la succession de ce dernier.

20. Attendu que les créances dont il est question dans ce paragraphe dépendaient de la succession de M. Vincent, et qu'il n'est nullement établi qu'elles étaient la propriété de M. Perrot.

21. Attendu, en septième lieu, qu'au moyen des rectifications et modifications ci-dessus, et de toutes celles qui pourraient être ordonnées, la communauté et succession Vincent, loin de ne présenter qu'une situation passive, auront un actif assez important qu'il importe de constater dès à présent dans l'intérêt de la mineure.

22. Attendu, en huitième lieu, qu'à la part revenant dans cet actif à la succession Vincent, il y aura lieu d'ajouter la part lui revenant dans les créances laissées en commun par le notaire liquidateur, et s'élevant, sauf vérification des comptes et sans approbation des énonciations portées en ce § à la somme de 64,413 fr. 36 c.

23. Que l'importance de ces créances imposait à la dame de Colmont, tutrice, et au sieur de Colmont, co-tuteur, l'obligation d'en opérer le recouvrement ou le règlement.

24. Qu'il convient d'ordonner que, par telle personne qui sera commise par la Cour, il y sera procédé dans le plus bref délai.

A l'égard du jugement du 28 avril.

25. Attendu que le mode de vente ordonné par le Tribunal serait excessivement préjudiciable pour la succession de M. Vincent, et aurait pour résultat inévitable d'écarter les acquéreurs.

26. Attendu d'ailleurs qu'au nombre des créances dont la vente est demandée, s'en trouvent plusieurs d'un recouvrement facile et certain.

27. Que d'autres prétendues créances n'existent pas, ainsi qu'il serait établi au besoin par un compte avec les prétendus débiteurs.

Et par tous autres motifs à déduire ultérieurement.

Voir recevoir le requérant, ès noms, appelant, des jugements rendus par le Tribunal civil de première instance de Troyes, les 21 février et 28 avril 1853 : Voir entant que de besoin, recevoir ledit requérant intervenant en l'instance de liquidation de la communauté d'entre les sieur et dame Vincent-Perrot et de la succession dudit sieur Vincent ; et statuant tant sur ledit appel que sur l'intervention du requérant ; voir dire qu'il a été bien appelé dudit jugement ; émandant et faisant ce que les premiers juges auraient dû faire ; voir dire et ordonner que l'état de liquidation, dressé par Me Aucoc, notaire à Troyes, le 17 du même mois de février, ainsi que tous autres états et procès-verbaux préliminaires ou annexés de ladite liquidation, seront rectifiés et modifiés en toutes les parties faisant griefs à ladite mineure Vincent.

N° 4.

Copie d'une lettre écrite par M. Vincent, notaire à Troyes, à M. Vincent-Courtois, son père.

Troyes, le 31 octobre 1828.

Mes chers Père et Mère,

J'ai appris avec plaisir que vous étiez en bonne santé.....

Ce que j'avais prévu, est arrivé, à mon grand déplaisir. M. Thévenot et M. Doé m'ont demandé de l'argent. Il y a plus de trois mois qu'il lui est dû 200 fr. d'intérêts. Il est dû plus de 800 fr. à M. Thévenot, il en demande au moins moitié. Voyez dans quelle position je me trouve ; au lieu d'avoir de l'argent, pour satisfaire à ces demandes, je dois ce que je viens d'acheter pour Amand, et comme il ne m'en est pas dû, je suis fort embarrassé. J'ai été obligé de donner de l'argent à l'homme qui a remplacé Amand, c'est ce qui m'a mis à court. Je vous ai demandé plusieurs fois et depuis longtemps de l'argent pour faire face à ce qui est dû, mais je ne reçois toujours rien, ce qui me cause beaucoup de chagrin et d'inquiétude. Je vous assure que si j'avais su me trouver dans la position où je suis, j'aurais mieux aimé rester chez nous et cultiver la terre toute ma vie ; j'aurais eu à la vérité plus de peines de corps, mais j'aurais du moins eu l'esprit tranquille, car c'est là le plus grand bien avec la santé. Cependant si je n'avais eu à penser qu'à moi seul, je me trouverais maintenant très heureux ; mais quelle différence ! au lieu d'un, il faut penser à quatre, de plus payer le remplacement d'un frère et les intérêts de capitaux qui vous ont servi et qui sont très forts. Comment voulez-vous que je puisse résister ? si cela se prolonge davantage, je ne sais ce qu'il faudra que je fasse, cela est bien pénible pour moi, je vous l'assure. Après avoir eu beaucoup de peine pour arriver où je suis, je ne m'en trouve pas mieux, au contraire ; je crois que le malheur s'acharne à m'accabler, et il serait bien désagréable d'être obligé d'abandonner tout. Cependant le chagrin fait faire bien des choses desquelles on serait fort éloigné si on était tranquille (1).

Mille choses honnêtes de notre part à tous nos parents et amis.

Recevez mes tendres embrassements.

Signé : VINCENT.

N° 5.

NOTE

Au sujet des sommes que la succession de M. Vincent, décédé notaire à Troyes, a droit de réclamer de la succession de M. et Madame Vincent, ses père et mère, décédés à Marcilly le Hayer.

Depuis l'année 1827 jusqu'au jour de sa mort, arrivée le 16 juin 1850, M. Louis Vincent, décédé notaire à Troyes, a fait habituellement à ses père et mère des avances, considérables pendant la période de temps de 1827 à 1838 inclusivement, et beaucoup moins importantes de 1839 à 1850.

Les avances qu'il a faites de 1827 à 1838 avaient pour but : 1° de subvenir aux frais d'éducation de ses deux frères et de sa sœur, pendant leur minorité, et au remplacement dans le service militaire de ses deux jeunes

(1) Il y avait dans cette dernière phrase un pressentiment de l'avenir.

frères; 2° d'acquitter des dettes assez considérables contractées par ses père et mère; 3° de subvenir aux dépenses d'habillement, d'éclairage, d'achat de vins et d'autres objets nécessaires à ses père et mère.

Les avances faites de 1839 à 1850, n'ont guère plus pour objet que les objets de ménage dont il est question sous le numéro trois qui précède.

M. Louis Vincent (le notaire) a établi lui-même, et de sa main, la situation et tous les détails de son compte avec ses père et mère, pour les années 1827 à 1838 inclusivement, sur quinze feuilles de papier, qui seront représentées au besoin et qui ont été cotées et paraphées par le notaire qui a fait l'inventaire après le décès de M. Vincent, sous les n°s 83 à 97, inclusivement de la cote 31.

Ces comptes, dressés par M. Vincent, sont en entier de sa main dans toute leur étendue.

Ils établissent qu'au 31 décembre 1838, M. et Madame Vincent, ses père et mère, étaient débiteurs envers lui de la somme de. . . . . 10,902 fr. 85 c.

Comme ils sont présentés par années, il est bon, pour bien en saisir l'ensemble, de les récapituler ici.

Lorsque M. Vincent fils s'est, en 1827, occupé des affaires de son père, en qualité de son mandataire, M. Vincent père devait : 1° à M. Doé, selon une obligation du 28 juillet 1827, reçue par M° Méligne, notaire, une somme de huit mille francs, exigible le 28 juillet 1833, et 2° à un sieur Aubry, une somme qui paraît avoir été en capital de mille huit cent francs, ensemble neuf mille huit

cent francs, ci. . . . . 9,800 fr. »

M. Vincent a servi pour son père les intérêts de cette somme pendant douze ans, de 1827 à 1838, soit. . . . . 5,880 »

Il a donc eu à payer pour lui. . . . . 15,680 »

Sous déduction toutefois d'une somme de deux mille francs qui, à la fin de 1838, restait due à M. Lebon, notaire honoraire, à qui on l'avait empruntée.

M. Vincent, notaire, a donc dû payer pour son père la somme de treize mille six cent quatre-vingts francs, ce qui se rapporte à son compte. On y lit, en effet, qu'il a payé pour

intérêts et pour remboursement de capitaux. . . . . 25,973 fr. 85 c.

Et qu'il a reçu pour capitaux empruntés. . . . . 12,200 »

Différence. 13,773 85   13,773 fr. 85 c.

Qui concorde bien avec l'opération présentée en masse, par aperçu.

Cette libération de M. Vincent père, opérée par son fils *au moyen des deniers provenant de la dot de sa femme*, est la cause réelle de la dette de la succession Vincent de Marcilly, envers la succession Vincent de Troyes.

M. Vincent père a eu d'ailleurs à pourvoir, de 1827 à 1838, à l'éducation de sa fille, mademoiselle Aglaé Vincent, à celle de ses deux fils, MM. Amand et Louis Vincent, au remplacement de ceux-ci dans le service militaire, au payement de dettes contractées par lui à Marcilly-le-Hayer, et enfin, son fils, le notaire de Troyes, a pourvu pour lui à des dépenses d'habillement et à d'autres dépenses de ménage, dont on trouve le détail dans ses comptes et dont voici la récapitulation, savoir :

1° Pour M. Amand Vincent, frais de nourriture, d'habillements et remplacement militaire. 2,681 85

2° Pour M. Louis Vincent, décédé clerc de notaire, pour mêmes causes et frais de maladie. 8,383 90

3° Pour Mademoiselle Aglaé Vincent, pour nourriture et habillements 2,281 45

4° Pour un grand nombre de dépenses personnelles à M. Vincent père, telles que frais de nourriture et d'habillements, achat de vins, luminaire, chaussures, meubles, etc. 4,230 91

5° Pour payement de dettes contractées à Marcilly envers différents entrepreneurs ou fournisseurs. 3,844 70

6° Enfin, M. Vincent, notaire, a remis à son père diverses sommes d'argent s'élevant à 6,654 14

Mais il a reçu de lui en différentes fois. 4,195 95

D'où il suit que les remises d'argent faites par lui à son père se sont élevées à 2,458 19   2,458 19

Les dépenses faites par M. Vincent fils pour son père sont donc, en total, de. . . . . 37,663 fr. 85 c.

Afin de pourvoir à ces dépenses M. Vincent avait reçu de son père mandat de faire vendre, par adjudication, diverses pièces de terre, sises à Basson, commune de Marcilly-le-Hayer; les deux adjudications ont eu lieu les 13 et 14 février 1831, et 27 mars 1836. Sur le produit de ces adjudications, M. Vincent fils a touché, tant en capitaux qu'en intérêts, selon

les tableaux de recouvrements qu'il produit dans ses comptes. 26,913 70
Desquels il faut déduire pour frais aux adjudications. . . . . 200 »

Reste donc au produit net. . . . . 26,713 70   26,713 fr. 70 c.
M. Vincent fils a aussi reçu, à différents titres, deux petites sommes s'élevant ensemble à   47 30

Le total des recettes effectuées par lui est donc de. . . . . 26,761 fr. »

Si l'on retranche cette somme de 26,761 fr., montant des recettes, du montant des dépenses que l'on a vu ci-contre s'élever à 37,663 fr. 85 c., on retrouve, conformément aux comptes de M. Vincent, que la succession de ses père et mère est débitrice envers la sienne de 10,902 fr. 85 c. en principal.

Les avances faites pour son père par M. Louis Vincent, notaire, depuis la fin de 1838 jusqu'au 16 juin 1850, époque de son décès, se sont élevées à 3,860 fr. 95 c.

Elles ont été relevées sur le registre de caisse de M. Vincent, où elles sont écrites de sa propre main ; une seule a été extraite du livre de son maître clerc, elle est relative au payement de fourneaux, et s'élève à 45 fr.; elles sont au nombre de trente-trois, y compris cette dernière, et sont toutes relatives à des dépenses de ménage, nourriture, éclairage, habillement, etc.

N° 6.

EXTRAIT

Du contrat d'achat de l'étude de notaire à Romilly, vendue le 16 avril 1834, par M. Moulin, titulaire, à M. Joseph-Amand Vincent.

Art. 5. La présente vente et cession est faite moyennant la somme de 38,000 fr., laquelle somme M. Vincent promet et s'oblige payer à M. Moulin, à son domicile actuel, à Romilly, ou pour lui au porteur de son pouvoir, savoir : 10,000 fr. le 25 août prochain, 4,500 fr. le 1er juillet 1835 ; 4,500 fr. à pareille époque de 1836 : 4,500 f. à pareille époque de 1837 ; 4,500 fr. à pareille époque de 1838 ; 4,500 fr. à pareille époque de 1839 ; et les 5,500 fr. pour solde à pareille époque de 1840.

Jusqu'au payement effectif de cette somme, M. Vincent promet et s'oblige en payer à M. Moulin, les intérêts sur le pied de 5 p. 100 par an, sans retenue, à compter du 1er juillet prochain, lesquels seront payables chaque année en deux termes égaux, le 1er janvier et le 1er juillet, et décroîtront en proportion des payements qui seront faits à compte.]

M. Vincent se réserve d'anticiper sa libération pourvu que dans ces cas la somme payée ne soit pas moindre de 2,000 fr. et à la charge par lui de prévenir M. Moulin, un mois à l'avance.

N° 7.

CAUTIONNEMENT

Par M. Vincent père, pour le payement de l'étude de notaire à Romilly, achetée par M. Amand Vincent.

Je soussigné Louis Vincent aîné, principal clerc de notaire, demeurant à Troyes,

« Agissant au nom et comme mandataire spécial à l'effet des présentes de M. Louis-Charles Vincent, mon « père, propriétaire à Marcilly-le-Hayer, suivant la procuration qu'il m'a donnée sous signature privée, aujourd'hui, et dont l'original est demeuré ci-joint. »

Ayant pris connaissance d'un acte fait sous signatures privées à Romilly, aujourd'hui, contenant par M. Alexis-Jean-Baptiste-François Moulin, notaire à Romilly-sur-Seine, à M. Joseph-Amand Vincent, clerc de notaire, demeurant à Troyes, cession de la charge et office de notaire que le dit M. Moulin exerce en ce moment à Romilly, moyennant la somme de 38,000 fr. payable à Romilly, savoir : 10,000 fr. le 25 août prochain, 4,500 fr. le 1er juillet 1835 ; 4,500 fr. le 1er juillet 1836 ; 4,500 fr. le 1er juillet 1837 ; 4,500 fr. à pareille époque de 1838 : 4,500 fr. à pareille époque de 1839 ; et les 5,500 fr. pour solde le 1er juillet 1840 ; avec intérêt pour le tout à compter du 1er juillet prochain, à cinq pour cent.

Déclare avoir ledit traité pour agréable, et obliger M. Vincent, mon père susnommé, comme caution solidaire, dudit sieur Joseph-Amand Vincent, son fils puiné, à payer ladite somme de 38,000 fr. et ses intérêts, le tout aux termes et de la manière ci-dessus énoncés.

Fait à Romilly-sur-Seine, le 10 avril 1834.   *Signé* : VINCENT.

N° 8.

PROCURATION

Par Monsieur et Madame Vincent, pour emprunter quinze mille francs.

Nous soussignés Louis-Charles Vincent, propriétaire à Marcilly-le-Hayer, et dame Marie-Marguerite Courtois, mon épouse, que j'autorise, donnons pouvoir à Louis Vincent, notre fils aîné, principal clerc de notaire à Troyes de pour nous, en nos noms, emprunter d'une ou de plusieurs personnes, la somme de 15,000 fr. pour le temps et aux conditions que le mandataire le jugera convenable; nous obliger solidairement au remboursement de ladite somme de 15,000 fr. et au service exact des intérêts, le tout aux termes et de la manière qui seront convenus avec les bailleurs de fonds; souscrire à cet effet tous billets et reconnaissances que besoin sera, substituer.

Fait à Marcilly-le-Hayer, le 10 avril 1834.

Au bas est écrit :   *Bon pour pouvoir*, Signé : Vincent.
           Bon pour pouvoir, Signé : Courtois, femme Vincent.

N° 9.

OBLIGATION

De 5,000 fr., à M. Argentin-Prévost.

Je soussigné, mandataire de M. Louis-Charles Vincent, propriétaire à Marcilly-le-Hayer, et de Mᵐᵉ Marie-Marguerite-Joséphine Courtois, son épouse, aux termes d'une procuration sous signatures privées, du 10 avril 1834, reconnais devoir à M. Pierre Argentin-Prévost, propriétaire à Troyes, la somme de 5,000 fr. pour prêt de même somme qu'il m'a fait en espèces ayant cours, pour le compte de mes mandants solidairement entre eux, que je m'oblige de rendre et payer à M. Argentin à Troyes, en l'Étude de M. Pezé, notaire en ladite ville, le 27 juin 1839, avec intérêts à cinq pour cent par an, sans retenue, payable chaque année à compter d'aujourd'hui jusqu'au remboursement.

Troyes, le 27 juin 1835.   Signé : Vincent.

N° 10.

OBLIGATION

De 3,000 fr. à Madame Camusat.

Je soussigné, mandataire de M. Louis-Charles Vincent, propriétaire à Marcilly-le-Hayer, et de Madame Marie-Marguerite-Joséphine Courtois, son épouse, aux termes d'une procuration sous signatures privées du 10 avril dernier, reconnais que mes mandants doivent à Madame Alexandrine-Louise Brochant, veuve de M. Amand-Jacques Camusat, propriétaire à Paris, la somme de 3,000 fr. pour prêt de même somme que j'ai fait à mesdits mandants avec des deniers provenant des recettes que j'ai faites pour Madame Camusat, laquelle somme j'oblige M. et Madame Vincent de payer et rendre à Madame Camusat, à Troyes, en l'Étude de Mᵉ Pezé, notaire en ladite ville, le 5 juillet 1837, avec intérêt à 5 p. 100 par an, payable chaque année, à compter d'aujourd'hui jusqu'au remboursement.

Troyes, le 5 juillet 1834.   Signé : Vincent.

N° 11.

OBLIGATION

De 5,000 fr. à Madame Camusat.

Je soussigné, mandataire de M. Louis-Charles Vincent, propriétaire à Marcilly-le-Hayer, et de Madame Marie-Marguerite-Joséphine Courtois, son épouse, aux termes d'une procuration, sous signatures privées du 10 avril dernier, reconnais devoir à Madame Alexandrine-Louise Brochant, veuve de M. Amand-Jacques Camusat, propriétaire à Paris, rue du Montabor, la somme de 5,000 fr. pour prêt de même somme que j'ai fait à mes mandants en espèces ayant cours, avec des deniers provenant des recettes que j'ai faites pour Madame

Camusat, laquelle somme j'oblige M. et Madame Vincent, solidairement entre eux à rendre et payer à Madame Camusat, à Troyes, en l'Etude de M⁰ Pezé, notaire en ladite ville, le 20 juin 1837, avec intérêts à 5 p. 100 par an, payable chaque année, à compter d'aujourd'hui jusqu'au remboursement.

Troyes, le 20 juin 1834.

Signé : VINCENT.

N° 12.

Lettre de M. Aucoc, notaire à Troyes, à M. Vincent de Romilly et réponse de celui-ci.

Troyes, le 23 juin 1853.

MON CHER MONSIEUR DE COLMONT,

Je viens d'écrire à Vincent de Romilly, au sujet de son appel que je ne conçois pas, s'il veut, comme il le dit, se poser en défenseur de Marie, sa nièce ; mais comme, selon moi, il sacrifie cette dernière dans son intérêt personnel et peut-être même, bien traîtreusement, dans l'intérêt de tiers, j'ai voulu qu'il connût ma manière de voir et la réprobation dont je crois devoir frapper son inqualifiable manœuvre ; comme il me paraît juste que, vous aussi, vous connaissiez ma manière de voir, je vous envoie copie de la lettre que je lui ai adressée à la date d'hier.

Troyes, le 22 juin 1853.

MON CHER VINCENT,

Depuis quelque temps, je le vois avec regret, l'état de nos relations n'est plus le même ; au lieu de la confiance que vous m'aviez jusqu'alors manifestée, je suis vis-à-vis de vous presque en état de suspicion : je crois en connaître la cause, mais il ne s'agit pas de cela aujourd'hui. Je veux vous entretenir d'une chose infiniment plus grave, sur laquelle je considère comme un devoir de conscience de m'expliquer franchement avec vous.

Vous comprenez de suite qu'il s'agit de l'appel que, si malencontreusement, selon moi, vous avez interjeté du jugement d'homologation de la succession de votre frère : je ne sais vraiment si vous avez envisagé froidement les conséquences de votre appel, dont le résultat, sans aucun avantage pour Marie Vincent, peut exposer Madame de Colmont à des difficultés sans nombre et à des frais considérables.

Marie Vincent n'a aucun intérêt à cette affaire ; quoi qu'il arrive, il est désormais certain que la succession de son père sera complètement nulle pour elle ; dès lors, à quoi bon un appel, si vous vous placez uniquement au point de vue des intérêts de votre nièce ? N'est-ce pas même lui nuire d'une manière très directe, que d'amoindrir la fortune de sa mère par des frais énormes que notre préoccupation était d'éviter ?

Si l'intérêt de Marie Vincent n'exigeait pas un appel, le repoussait au contraire, nous sommes amenés à chercher quel a pu être votre mobile dans une affaire aussi grave ; je vous avoue que je ne vois que deux motifs possibles : celui de votre amour-propre blessé, parce qu'on ne vous aurait pas communiqué préalablement la liquidation, ou bien celui de votre intérêt personnel, pour trouver sur les registres de votre frère les éléments qui paraissent vous manquer pour le compte que vous réclame M. de Colmont, et qu'à votre place j'aurais rendu depuis longtemps.

Sur la question d'amour-propre : ce motif est trop futile pour avoir pu amener une détermination aussi fâcheuse ; d'ailleurs il vous a été donné par moi des explications positives. La liquidation a été faite et signée sans désemparer, à cause de la nécessité d'arriver avant l'enregistrement de la licitation, et vous avez dû comprendre dès lors, que la communication préalable n'était pas possible.

Cet appel ne serait-il donc qu'un moyen détourné d'arriver à la recherche des documents qui vous sont personnellement nécessaires ? Je n'ose m'arrêter à cette idée, car il serait odieux de sacrifier Marie, que vous avez mission de défendre, pour arriver jusqu'à M. de Colmont, que vous voulez atteindre ; et cependant quel motif assez puissant a pu vous déterminer ? Je le cherche sans pouvoir le trouver.

J'aurais compris cet appel, si vous eussiez présenté un travail quelconque, duquel il résultât un préjudice, si minime fût-il, pour Marie Vincent ; mais jusqu'à présent, vous n'en avez rien fait ; vous avez, par des généralités, critiqué la liquidation plutôt en la forme qu'au fond ; mais vous n'avez pas établi que la mineure eût intérêt à sa révision ; seulement, par votre action que je ne crains pas de qualifier d'imprudente, vous semblez faire cause commune avec des créanciers malveillants de la succession de votre frère, et vous leur donnez la main pour y apporter un trouble profond.

Lors de la réunion du dernier conseil, que je n'ose pas appeler un conseil de famille, parce qu'il n'était pas composé exclusivement de personnes portant intérêt réel à Marie Vincent, que certaines d'entre elles étaient évidemment mues par vous, qu'il y avait même, on peut le dire, un créancier, et qu'avant la délibération il y avait même un agent avoué des créanciers, je n'ai pas pu m'expliquer en toute liberté : mais aujourd'hui, seul à seul avec vous, je vais vous donner les motifs qui m'ont fait procéder comme je l'ai fait, les livrant à votre consciencieuse appréciation.

Hier j'ai vu notre confrère Petit; nous avons causé de l'affaire, il m'a reproduit tous vos griefs, de sorte qu'il est à peu près constant pour moi que votre appel a été délibéré avec lui, et je lui ai fait part de mon intention de vous écrire; puissent les raisons que je vais vous donner vous faire renoncer à un appel qui, loin d'être un acte de protection pour Marie Vincent, a le caractère et les effets de l'action la plus malveillante.

Je n'ai pas votre acte d'appel sous les yeux, mais, si ma mémoire est fidèle, vous reprochez à la liquidation :

1° Le défaut de justification des reprises de Madame de Colmont;

2° L'allocation d'intérêts desdites reprises, en raison, selon vous, de la jouissance dont profite Madame de Colmont;

3° L'allocation à Madame de Colmont des actions du chemin de fer, comme constituant un bénéfice au profit de cette dame;

4° Et enfin, de faire figurer dans la masse active de communauté le prix de l'Etude de votre frère, qui, d'après son contrat de mariage, appartenait en propre à ce dernier.

M. Petit a ajouté à ces griefs celui de n'avoir pas fait un compte d'administration, avec distinction des fonds et des fruits, blâmant cette irrégularité, et me faisant observer qu'il y avait lieu de s'étonner que, dans un travail aussi précipité que le mien, j'eusse pu arrêter ma pensée à prendre certaines précautions pour la liquidation future de la communauté d'entre M. et Madame de Colmont.

Je vais chercher à répondre à chacun de ces griefs :

1° Le défaut de justification des reprises de Madame de Colmont.

Est-ce bien à vous, mon cher Vincent, qu'il appartient de faire une semblable objection? Je la comprendrais dans la bouche d'un créancier ou dans celle d'une personne peu versée dans les affaires, mais, de votre part, c'est, permettez-moi de vous le dire, une mauvaise chicane; vous connaissiez fort bien la manière d'administrer de votre frère, et si vous étiez venu demander quelques justifications, elles vous auraient été données immédiatement, d'une manière satisfaisante sinon authentique, ainsi que M. de Colmont les a faites devant le conseil de famille : vous ne pouvez, je crois, refuser d'ajouter foi à des écritures faites de la main de votre frère?

Nous n'avons pas parlé de supplément de prix dissimulé par votre frère, lors de la vente de quelques-uns des biens propres de Madame Vincent : aurez-vous le courage de nous en faire un reproche?

Eh! depuis quand les fautes commises par le mari et sa négligence à constater des payements faits pour la femme, peuvent-ils être opposés à cette dernière? Est-ce bien au frère du défunt, à l'oncle de Marie, à soulever cette objection?

Mais passons sur ce grief; s'il est fondé en droit, il est loin de l'être en conscience et en équité; de vous à moi il est donc jugé.

2° L'allocation d'intérêts desdites reprises, en raison de la jouissance légale dont profite Madame de Colmont.

J'ai dû ajouter ces intérêts aux reprises de Madame de Colmont, parce que je savais, et vous savez aussi bien que moi, que la succession de votre frère est en déficit, et que dès lors, comme il n'y avait aucune valeur sur laquelle Madame de Colmont pût exercer sa jouissance légale, il était de toute justice qu'elle réclamât ses droits comme créancière. Je sais bien qu'il a été dit dans le conseil, par M. Rollin, que Madame de Colmont aurait dû opter entre ces deux positions, et qu'elle a à s'imputer de ne l'avoir pas fait; je vous demanderai à vous, qui dans le commencement dirigiez les affaires, régliez les comptes et lui faisiez souscrire des engagements, pourquoi, dis-je, ne lui avez-vous pas donné le conseil de faire cette option?

Parce que le code porte que le survivant des père et mère a la jouissance légale des biens de ses enfants mineurs, jusqu'à l'âge de dix-huit ans, s'ensuit-il que cette concession de la loi devra être un leurre et faire perdre à l'époux survivant des droits légitimes?

Vous savez, du reste, que des motifs d'économie empêchaient de prendre une attitude régulière, et, vous-même, vous avez lancé Madame de Colmont dans les embarras inextricables de la succession de son mari, sans lui avoir fait prendre les précautions les plus usuelles; ne serait-elle pas fondée à vous dire que vous n'avez voulu que la compromettre à ce point qu'elle fût tenue de toutes les obligations de son mari?

3° L'allocation à Madame de Colmont des actions du chemin de fer de Montereau à Troyes.

Ce grief n'est pas sérieux, je ne m'y arrêterai pas longtemps; d'abord, il n'y avait pas moyen de procéder autrement que de fixer la valeur au cours du jour de la liquidation; on ne procède jamais autrement.

Il a été dit par M. Rollin que les actions valaient aujourd'hui presque 500 francs; d'abord, ce n'est pas exact, puisqu'à la Bourse, elles sont cotées 375 francs, mais qu'auriez-vous à dire si les actions eussent baissé de valeur? Auriez-vous proposé une indemnité à Madame de Colmont? sans trop m'avancer, je crois qu'il m'est grandement permis d'en douter.

4° Et enfin, de faire figurer en la masse active de la communauté le prix de l'Etude de votre frère, qui, d'après son contrat de mariage, appartenait en propre à ce dernier.

Ici nous arrivons au gros grief, à celui qui paraît avoir résisté, et cela parce qu'on n'a pas pu tout dire au conseil, à cause de la présence de certaines personnes, mais à vous, je vais dire ce que je pense.

Oui, l'Étude appartenait en propre à votre frère, mais le prix en était dû en totalité, ainsi que le porte le contrat de mariage.

Si j'avais fait figurer le prix de l'étude à la masse active de la succession de votre frère, il me fallait, par contre, faire entrer dans la masse active de la communauté les indemnités dues par la succession de votre frère à raison du payement du prix de sa charge, c'est ce que je n'ai pas voulu faire, par respect pour la mémoire de votre frère, afin de pas lui appliquer un blâme ; en un mot, j'ai voulu passer l'éponge sur un fait coupable aux yeux de la loi et de la morale.

Vous savez aussi bien que moi que votre frère avait traité de son Étude moyennant 150,000 francs, pour n'entrer en jouissance que huit ou neuf années après le traité.

Que, lorsqu'il a demandé la main de mademoiselle Perrot à son père, ce dernier a répondu qu'il fallait avant tout que M. Vincent fût notaire en titre, et qu'il ne suffisait pas qu'il eût un traité en poche.

Votre frère, pour surmonter cette difficulté, a dû faire à M. Pezé un avantage considérable, pour le faire renoncer à la jouissance ; et en effet, il lui a offert la réalisation immédiate des bénéfices des sept années qui restaient encore à courir pour que M. Vincent pût entrer en jouissance, d'après son traité, et il a souscrit, au profit de M. Pezé, un engagement de cinquante mille francs, immédiatement productif d'intérêt.

Cet engagement a été caché soigneusement à tous, à M. Perrot comme à sa fille, et a été payé sur les fonds appartenant à Mademoiselle Perrot et mis à la disposition de votre frère aussitôt après son mariage.

Vous ne trouverez aucune trace de ce payement ; tout a été soigneusement détruit. Aurez-vous l'impudeur de dire à la veuve de votre frère que cette indemnité à communauté n'est pas justifiée ?

Je voulais, mon cher Vincent, vous épargner à tous la nécessité fâcheuse de remuer cette triste affaire : il était indifférent pour les intérêts de votre nièce, que vous faites semblant de défendre, que la charge dépendît de la communauté ou de la succession ; le résultat pour elle n'en était pas changé d'un iota, et nous évitions le chagrin de flétrir la mémoire de Vincent.

Vous avez fait dire par Rollin, votre avoué, que l'honorabilité de votre frère souffrait de nombreux procès que la succession a eus à subir, sans que vous ayez paru vous rendre compte des difficultés suscitées par l'incroyable désordre des écritures de votre frère ; je vous demande aujourd'hui si M. et Madame de Colmont et moi nous n'avons pas été plus jaloux que vous de l'honneur de votre frère, en cherchant à ensevelir dans l'oubli une faute qu'on pouvait lui reprocher.

Est-ce de notre faute à nous, si vous venez aussi imprudemment déchirer le voile que Madame de Colmont avait voulu mettre sur un fait qu'elle n'a connu qu'après la mort de son mari ?

Maintenant demandez, si vous le croyez bon, utile et honorable, le rétablissement dans la masse de la succession, du prix de la charge de votre frère.

J'ai répondu, je crois, suffisamment à tous les griefs ; quant à ceux soulevés accessoirement par notre confrère Petit, je demanderai à quoi bon se livrer à un travail long et minutieux, quand il est certain que ce travail ne produira aucun résultat ?

On s'étonne, dit M. Petit, de voir les jalons placés pour la liquidation future de la communauté d'entre M. et Madame de Colmont.

Y a-t-il lieu de s'étonner que M. de Colmont qui, depuis son mariage, n'a cessé d'être en butte à des difficultés qui lui sont personnellement étrangères, ait pensé à prémunir lui et les siens contre des éventualités, et que lui et moi nous ayons pensé à faire quelques observations qui, du reste, sont élémentaires ?

Ces observations n'étant pas comprises dans l'appel, je ne m'en occuperai pas ici.

Je ne sais, mon cher Vincent, quel effet produira ma lettre sur vous ; en la faisant, je le répète, je crois remplir un devoir de conscience ; votre propre intérêt me paraît vous aveugler à ce point que vous ne voyez pas où l'on vous conduit, et je termine en vous faisant cette simple question : en agissant ainsi que vous le faites, croyez-vous, la main sur la conscience, servir les intérêts de Marie ? ne nuisez-vous pas plutôt d'une manière très directe à celle que vous avez mission de défendre ?

Comme je joue carte sur table, j'envoie à M. de Colmont une copie de la présente ; il est bon qu'il connaisse ainsi que vous, les raisons qui m'ont fait agir dans l'acte que vous attaquez, et qui est moins une liquidation qu'un acte d'attribution à un créancier qui n'est pas même rempli de tous ses droits.

Recevez, mon cher confrère, mes civilités bien empressées.

Je n'ose espérer que cette lettre amène Vincent à renoncer à ce fâcheux appel, si préjudiciable aux intérêts de Marie, mais en tout cas, j'aurai fait un acte de conscience et de dévouement à la fille de mon ancien confrère. je me serais reproché de n'avoir pas fait cette tentative, bien qu'il y ait lieu de penser qu'elle sera infructueuse.

Tout à vous,   Signé : Avcoc.

Réponse de M. Amand Vincent à M. Aucoc.

Romilly, le 26 juin 1853.

MON CHER CONFRÈRE.

C'est avec peine que j'ai lu la longue lettre que vous avez cru devoir m'écrire au sujet de l'appel que j'ai interjeté dans l'intérêt de ma nièce, et j'ai hésité à vous répondre, car je ne voudrais pas vous suivre sur le terrain où vous vous placez ; mais comme je ne veux pas que vous puissiez interpréter contre moi le silence que je garderais, je vous fais cette courte réponse :

Je vous ferai observer que vous ne faites qu'effleurer les griefs que j'ai relevés dans l'acte d'appel que vous connaissez cependant parfaitement bien, j'ajouterai que je proteste de toutes mes forces contre les motifs d'intérêts personnels que vous m'attribuez et contre les insinuations que vous dirigez contre moi, vous me connaissez assez pour savoir que de semblables motifs ne pouvaient me diriger et que je n'avais en vue que l'intérêt de ma nièce, intérêt que le conseil m'a confié en me nommant subrogé-tuteur ; — la Cour décidera si je me suis trompé.

Recevez, mon cher confrère, mes civilités empressées.

Signé, VINCENT.

N° 13.

Lettre de M. De Colmont à M. Vincent, notaire à Romilly, en date du 23 avril 1852 (1).

MON CHER MONSIEUR VINCENT,

Vous m'avez promis de la manière la plus formelle que vous viendriez cette semaine à Troyes, et que vous m'apporteriez le dossier relatif à la dette de la famille envers M. de Gournay, et en même temps les éléments de votre compte avec la succession de M. votre frère. Voici la semaine presque passée et vous n'êtes pas venu.

Je prends le parti de vous envoyer M. Abeilard Boudard : je vous prie de lui remettre, sur son récépissé, le dossier relatif à la dette envers M. de Gournay, lequel faisait partie des pièces inventoriées après le décès de M. Vincent.

Je vous serai fort obligé de lui remettre aussi les éléments de votre compte. Vous m'avez dit qu'il était établi, mais qu'il fallait en faire la copie : Depuis un mois que vous m'avez dit cela, cette copie peut être faite ; mais dans tous les cas, rien ne s'oppose à ce que vous remettiez à M. Boudard le brouillon de votre compte, quelque informe qu'il puisse être, après en avoir coté les feuillets et les avoir paraphés *ne varietur :* au moins pourrai-je, avec ce point de départ, régler les comptes de M. votre frère et ne plus avoir, comme dans ce moment, des sommes considérables entre les mains, que je ne puis utiliser, et des dettes qui portent intérêt et que je ne puis payer faute de savoir exactement à quelles sommes elles s'élèvent.

Cette situation est ruineuse, et c'est à tous les retards que vous mettez à m'envoyer votre compte qu'il faut l'attribuer.

Ainsi, dans ce moment même, je suis prêt à payer à Mme Préaux Caltot, environ 10,000 fr. que M. votre frère lui devait : mais elle ne veut pas recevoir le solde de son compte que l'on ne règle en même temps la situation de la créance Thuillot : En effet, par la liquidation faite après le décès de M. Caltot le médecin, il a été attribué à M. Edme Caltot, décédé depuis, et que Mme Préaux et ses enfants représentent pour trois cinquièmes, une créance de 2,000 fr, sur M. Thuillot de Romilly. Cette liquidation a eu lieu le 25 mai 1844. Vous m'avez dit qu'avant même cette liquidation, M. votre frère avait reçu le remboursement de M. Thuillot : Cette assertion est évidemment inexacte : on trouve sur le livre de caisse de M. Janet (2), à la date du 16 juin 1846.

A Vincent. Payé aux enfants Caltot et Préaux principal de créance Thuillot étant de 2,000 fr. . . 2,000 fr. (Mais cette somme n'est inscrite par M. Janet que pour mémoire, et n'entre pas en dépense, parce qu'il ne l'a pas déboursée.)

Et à la ligne au-dessous on lit :

Enfants Caltot Préaux. Reçu pour placer en nu-propriété et en usufruit à Caltot. . . . . 2,000 fr. (Et cette somme n'est pas davantage tirée hors ligne en recette ; parce qu'elle n'a pas été reçue.)

Il n'est donc pas vrai que M. votre frère ait reçu le remboursement de la créance Thuillot, et il paraît positif au contraire que c'est vous qui avez reçu ce remboursement, dont vous avez à compter.

Vous voyez combien il est temps que vous établissiez votre compte.

Au surplus je vous demande à compter pour éviter des difficultés et arriver au but plus promptement ; au moyen de la correspondance, des notes de M. Vincent et des pièces que j'ai en main ou que je puis avoir, il est

---

(1) Quand M. de Colmont écrivait cette lettre, il ne savait rien encore des faits contenus dans ce mémoire, en ce qui concerne M. A. Vincent.

(2) Maître-clerc de M. Vincent, notaire à Troyes.

évident que je puis établir ce compte avec assez d'exactitude pour en prendre l'initiative, s'il n'est pas possible que je fasse autrement : mais je vous prie de la manière la plus instante d'examiner dans combien d'embarras et de chagrins nous allons entrer, si nous prenons cette voie. Combien il est plus raisonnable, plus sage, plus honnête surtout, de terminer, tous ces comptes en famille. Il s'agit bien plus d'un règlement de bon ordre, que d'une affaire de finance ; rien n'est plus loin de mon esprit et des sentiments de ma femme que de vouloir jamais vous causer aucune peine par suite d'affaires d'intérêt ; ainsi ce que nous désirons, c'est de liquider clairement les affaires laissées après lui par M. votre frère, et de proportionner ensuite notre dépense à la fortune que nous aurons. Elle ne manquera certainement pas d'être plus considérable que nos goûts ne l'exigent ; mais attendu toutes les opérations communes entre M. votre frère et vous, il est impossible d'arriver à une liquidation sans régler avant tous les comptes entre vous et la succession de M. votre frère.

Que penserait-on si l'on savait que depuis deux ans tout à l'heure qu'il est décédé, vous n'avez pas encore mis ses héritiers en état de savoir quelle est votre situation envers sa succession ?

Votre raison vous dira suffisamment, mon cher Monsieur Vincent, qu'il faut absolument et sans aucun retard arriver à un règlement ; je remplis un devoir en insistant près de vous, je fais aussi acte de bonne amitié ; je suis donc convaincu que vous m'aurez compris cette fois.

Je charge M. Boudard de terminer aussi avec vous l'affaire des intérêts Corniquet et celle des 305 fr. 47 c. frais d'Etude, dus par M. Herluison ; il connaît ces deux affaires, et je tiendrai bonnes et valables les quittances qu'il pourra vous donner pour ces deux objets.

Je suis forcé de finir cette lettre à la hâte.

Recevez pour vous et pour Madame Vincent, nos compliments les plus affectueux, et de la part de Marie et de sa mère tout ce que l'on peut dire de plus affectueux et de plus obligeant.   De Colmont.